AF297079

NOTICE

SUR

M. MARTIN DU NORD.

M. MARTIN DU NORD.

NOTICE

SUR

M. MARTIN DU NORD

PAR

Emile REVERCHON,

MAITRE DES REQUÊTES AU CONSEIL-D'ÉTAT.

BIBLIOTHÈQUE NATIONALE
R. F.
IMPRIMÉS.

PARIS

A. GUYOT ET SCRIBE, IMPRIMEURS-ÉDITEURS

Rue Neuve-des-Mathurins, 18 (Chaussée-d'Antin).

1849.

AVERTISSEMENT.

M. Leglay, archiviste du département du
Nord, a publié, dans l'Annuaire de ce département pour 1848, une notice biographi-
que sur M. Martin du Nord.

Cette notice, empreinte des qualités de
style qui caractérisent son auteur, et dictée
par un attachement profond pour l'homme
excellent dont elle retraçait la vie, avait dû
se conformer aux proportions du recueil auquel elle était destinée, et se resserrer ainsi
dans des limites qui ne faisaient pas suffisamment ressortir certaines parties de cette car
rière si honorable et si dignement remplie.

M. Leglay a eu l'obligeante pensée de
m'autoriser et même de m'engager à complé-
ter son travail. Chef du cabinet de M. Martin
du Nord pendant les cinq dernières années
de son ministère, j'avais, en effet, sous ce rap-

port, quelques titres à cette bienveillante désignation. Toutefois, si je n'avais consulté que les intérêts de mon amour-propre, une légitime défiance de moi-même m'aurait conseillé de décliner cette tâche. Mais j'ai pensé qu'ici le cœur suppléerait au talent, et j'ai saisi, avec une joie empressée, l'occasion de rendre, dans la mesure de mes forces, un nouvel hommage à la mémoire de mon éminent et bien-aimé protecteur. C'est dans ces sentiments que j'ai répondu à l'appel qui m'était adressé, et ils serviront d'excuse à ma faiblesse auprès de ceux qui me liront.

Je me suis religieusement abstenu de toucher à l'œuvre de M. Leglay, dans tout ce qui n'exigeait pas plus de développements. Que M. Leglay, dont le nom devrait figurer aussi en tête de ce travail, reçoive du moins l'expression de la vive reconnaissance que lui a vouée la famille de M. Martin du Nord, et qu'il me permette d'y joindre le juste tribut de ma propre gratitude.

Deux autres amis de M. Martin du Nord, et que je suis heureux de compter parmi les miens, ont droit de ma part aux mêmes remercîments. L'un d'eux, M. Bis, aurait pu, mieux que personne, écrire cette notice : ses preuves sont faites, et chez lui le cœur n'aurait pas eu besoin de suppléer, il aurait ajouté au talent ; je ne puis donc assez lui savoir gré de m'avoir laissé l'honneur et le bonheur d'entreprendre ce travail, et de m'être venu en aide par ses utiles conseils. Quant à mon collègue M. Cornudet, qui m'a précédé auprès de M. Martin du Nord dans des fonctions semblables à celles que j'ai remplies, la fidélité aux mêmes sentiments et le culte des mêmes souvenirs nous unissaient dans cette circonstance ; aussi ai-je dû à ses bons avis des indications dont j'aime à lui reporter le mérite.

On voit que les secours ne m'ont pas manqué ; je tenais à le constater, soit pour remplir un devoir dont il m'est doux de m'acquitter, soit pour assumer sur moi seul la responsabilité de mon insuffisance, si je n'ai pas su les mettre à profit.

Ce travail m'a principalement occupé pendant les mois d'avril, de mai et de juin 1848, de néfaste mémoire. Indépendamment de l'attrait qu'il m'aurait offert en tout temps, je lui ai dû plus d'une fois l'oubli momentané des déplorables spectacles auxquels nous assistions, et des douloureuses inquiétudes qu'ils faisaient naître. On ne s'étonnera pas, toutefois, que les bruits incessants de la guerre civile, qui retentissaient alors autour de nous, aient trop souvent troublé le calme, la liberté d'esprit dont j'aurais eu besoin. Mais cette situation même m'a permis, par un retour des orages présents vers les orages passés, d'apprécier et d'admirer plus profondément encore la fermeté d'âme de M. Martin du Nord. Au milieu de préoccupations de même nature, on l'a vu, l'un des premiers sur la brèche, se signalant parmi ceux qui ont le plus résolument porté le poids de luttes pleines d'amertumes et de périls, conserver l'inaltérable égalité de courage, de dévouement et de bienveillance, dont il a présenté toujours et partout un si remarquable modèle.

14 décembre 1848.

NOTICE

SUR

M. MARTIN DU NORD.

I.

Le département du Nord n'a jamais cessé de fournir à la patrie un riche contingent d'hommes utiles et illustrés. La France lui a dû, notamment depuis un demi-siècle, de célèbres capitaines, des écrivains distingués, d'éminents magistrats, des publicistes éloquents.

Mais, entre tous ces hommes dont leur pays natal est fier à juste titre, il en est un dont la perte prématurée a frappé d'une douleur particulière ses compatriotes, ses nombreux amis, tous ceux enfin qui, de près ou de loin, avaient appris à le connaître, et qui par conséquent l'accompagnaient de leurs sympathies dans son honorable et brillante carrière. A tous il a inspiré de longs et durables regrets, il a laissé de chers et profonds souvenirs. Nous venons essayer aujourd'hui de lui payer notre faible, mais pieux et sincère tribut.

Si l'heure de l'histoire avait sonné pour le gouvernement auquel M. Martin du Nord a consacré et sacrifié sa vie ; s'il n'était pas trop tôt pour que la voix d'une justice, même sévère, mais impartiale, pût se faire entendre dès ce moment au milieu de passions exaltées par le ressentiment d'une longue impuissance et par l'enivrement d'une victoire imprévue et récente (1), le travail que nous entreprenons prendrait probablement des proportions générales qui décourageraient à bon droit notre insuffisance personnelle. Mais ce jour de vérité, que le cours naturel des choses amènera en son temps, et que la marche rapide des événements a déjà bien rapproché, n'a pas pu luire encore pour le dernier règne de notre dernière monarchie. Notre tâche sera donc plus modeste, sans en devenir peut-être plus facile. Dans cette esquisse, dont nous garantirions d'avance l'exactitude, si le

(1) Il y a long-temps que Tacite, au début de ses *Annales*, a mis les esprits sérieux en garde contre ces histoires écrites le lendemain de la chute d'un pouvoir, et *recentibus odiis compositæ. Plerumque innocentes*, dit-il ailleurs, *recenti invidiæ impares.*

sentiment le plus profond avait suffi pour la tracer, nous chercherons à reproduire moralement
cette noble figure, dont le charme rempli de séduction reflétait les trésors d'une intelligence d'é-
lite et d'une inépuisable richesse de cœur ; nous
nous efforcerons et nous nous contenterons de ra-
conter simplement cette existence si digne et si
pure ; nous la raconterons brièvement, quelle que
fût notre propension à traiter avec effusion et
abandon ce sujet triste et doux, plein d'amertume
et plein aussi d'intérêt.

II.

M. Nicolas - Ferdinand - Marie - Louis - Joseph MARTIN naquit à Douai le 30 juillet 1790, d'une de ces familles bourgeoises médiocrement favorisées du côté de la fortune, mais où se transmettaient héréditairement les bonnes et honnêtes traditions, les principes religieux et moraux, les habitudes sérieuses et laborieuses.

A l'époque où commença l'éducation de cet enfant, la ville de Douai, qui naguère était le siége d'une célèbre université, avait perdu ses beaux établissements d'instruction publique; mais un homme dont le nom est encore prononcé avec respect dans cette même ville, avait ouvert un asile privé et presque clandestin aux études universitaires, alors frappées de proscription. Ce fut sous

les yeux de M. Fouquay (1) que le jeune Martin
reçut les premiers éléments de l'éducation forte et
solide dont toute sa vie a porté l'empreinte. Ceux
qui, dans cette maison, et ensuite au collége de
Tournay (2), ont été ses condisciples, n'ont point
oublié la vivacité précoce de son intelligence, son
ardeur opiniâtre au travail, et les espérances qu'é-
veillaient dès-lors son heureux caractère et ses
premiers succès.

Aussi, plus tard, dans l'intimité des causeries
amicales, il aimait singulièrement à évoquer les
lointains souvenirs de son enfance, de sa jeunesse
studieuse. On sait que, pour les esprits d'élite,
c'est souvent un besoin et toujours un bonheur de
remonter par la pensée le cours des années écoulées, de ressaisir les fraîches impressions de leur
passé, de se consoler des tristesses de l'âge mûr
par la mémoire des joies du premier âge, et de se

(1) Sur M. Fouquay, voir l'*Annuaire du Nord*, année 1839,
p. 420; la *Galerie douaisienne*, par M. Dutilheul, p. 159; et
dans les *Mémoires de la Société royale de Douai*, année 1838,
p. 361, une Notice rédigée par M. Preux, ancien procureur-général à Douai, l'un des élèves les plus distingués de cet homme
excellent.

(2) Un oncle de M. Martin, l'abbé Jacquart, avait récemment
établi à Tournay une maison d'éducation qui, sous le nom de
collége, faisait revivre, comme l'établissement de M. Fouquay,
la tradition des vieilles études classiques.

retrouver, en quelque sorte, à cette fugitive époque

que

Où l'homme est dans sa fleur et l'âme à son aurore.

Après avoir fait son droit à Paris, de 1808 à 1811, M. Martin, reçu docteur en droit à l'âge de vingt et un ans, débuta au barreau de Douai avec un talent qui lui valut les félicitations exceptionnelles du premier président de la cour. Il marqua bientôt sa place parmi les premiers avocats de cette ville. Sa réputation grandit rapidement; il se créa dans tout le ressort une clientèle des plus honorables, et ses confrères l'appelèrent fréquemment à leur tête comme leur bâtonnier.

Nommé successivement conseiller municipal, juge suppléant au tribunal de première instance, administrateur et vice-président des hospices de Douai, il sut concilier toujours les exigences de ces fonctions nouvelles avec les devoirs de sa profession. Partout il apportait un concours éclairé et infatigable; partout il devenait le guide, et, pour ainsi dire, l'âme des assemblées qui se l'associaient. Dans l'administration des hospices, il contribua puissamment à améliorer le régime et la comptabilité de ces établissements, qui furent depuis lors classés au nombre des établissements modèles sous ce rapport; aussi, à son départ de

Douai, ses collègues lui décernèrent-ils, à l'unanimité, le titre de vice-président honoraire.

Partisan sincère de la monarchie constitutionnelle, M. Martin avait accueilli avec confiance le retour des Bourbons. D'accord avec les esprits les plus éminents de cette époque, MM. de Serre, de Châteaubriand, Royer-Collard, Benjamin Constant, etc., il espérait que ce gouvernement garantirait simultanément l'ordre et la liberté à la France, qui jusque-là en avait vainement poursuivi la conciliation. Mais la Restauration, toujours harcelée par ses adversaires, souvent égarée et compromise par ses défenseurs, ne répondit pas complétement à l'attente des hommes éclairés et des véritables amis de la royauté. Elle commit des fautes graves. Dès-lors la place de M. Martin fut dans les rangs de l'opposition, non toutefois d'une opposition aveugle et systématique, mais d'une opposition légale, loyale et bienveillante.

Les fatales ordonnances du 25 juillet 1830 excitèrent en lui un profond sentiment de douleur et d'indignation, qu'il manifesta hautement et publiquement. Fidèle néanmoins au culte du droit, malgré cette audacieuse violation du droit par le pouvoir, il ne désira pas, dès le premier moment, l'abandon complet du principe sur lequel reposait le gouvernement alors existant. Mais, la révolution une fois accomplie, il pensa qu'il n'y avait plus, pour un citoyen ami de son pays, deux conduites à tenir, et il se joignit à ceux qui travaillèrent à diriger cette révolution dans l'intérêt de la paix et de la prospérité générale.

Il atteignait précisément en 1830 l'âge de 40 ans, exigé pour l'éligibilité par la Charte de 1814, et réduit à 30 ans par la Charte de 1830. Il se présenta aux suffrages de ses concitoyens, et, le 29 octobre 1830 (1), il fut élu député par le collége départemental du Nord, qui comptait 3000 électeurs. Il fut dès-lors désigné dans les débats législatifs sous le nom de Martin du Nord.

(1) Dix ans après, jour pour jour, le 29 octobre 1840, il entrait, comme Garde-des-Sceaux, Ministre de la Justice et des Cultes, dans ce ministère qu'il ne devait quitter qu'avec la vie.

III.

Les Chambres avaient, dans ces graves circonstances, une mission difficile à remplir. Elles étaient
appelées à concourir au raffermissement de l'édifice
social, fortement ébranlé par la secousse récente,
qui venait de remuer encore une fois ce sol labouré,
depuis quarante ans, par tant de secousses successives. Dès le principe, et au milieu d'oscil-
lations plus ou moins fréquentes, plus ou moins
inévitables, les grands pouvoirs de l'État se pro-
posèrent ce double but, de donner une satisfaction
légitime au mouvement des esprits, et de com-
primer graduellement les périls que ce mouvement
même pouvait entraîner. Cette voie devait-elle
nécessairement aboutir à de nouveaux abîmes ?
Dieu seul a désormais le secret de ce problème.
Mais, quoi qu'il en soit, de hautes intelligences,

de nobles caractères, ont conçu alors un espoir
meilleur, et ont consacré leurs efforts à sa réalisation. L'erreur, s'il y a eu erreur (1), est la triste
condition de l'humanité, et si aujourd'hui, après
toutes les vicissitudes dont nous avons été les témoins ou les victimes, il se trouvait des hommes
dont le jugement n'eût jamais hésité ni failli dans
ses prévisions, ceux-là, mais ceux-là seuls, auraient le droit de jeter à leurs devanciers ou à leurs
contemporains la première pierre.

Dès son début dans la carrière législative,
M. Martin du Nord s'associa, avec la fermeté de
résolution qui lui était propre, à la majorité de la
Chambre des députés. Il ne tarda pas à se créer
des titres spéciaux à l'estime de ses collègues, et
à la reconnaissance de ses commettans.

Dans la première session à laquelle il assiste,
on le voit déjà prendre une part active à la discussion du projet de loi sur les cours d'assises (2), et

(1) Nous employons cette formule dubitative, parce que ce
n'est pas ici le lieu de discuter la question. Mais nous n'admet-
tons pas plus le fatalisme en histoire et en politique qu'en morale; et, malgré les événemens qui sont survenus, ou à cause
de ces événements, nous croyons fermement, sauf les fautes qui
ont pu être commises dans l'exécution, qu'il n'y avait pas erreur, et qu'au contraire la vérité se trouvait dans le système
auquel nous faisons allusion.

(2) Loi du 4 mars 1831.

du projet de loi sur l'expropriation ou l'occupation temporaire, en cas d'urgence, des propriétés nécessaires aux travaux de fortifications (1). Il est nommé rapporteur, et il soutient, en cette qualité, la discussion des projets de loi sur la traite des noirs (2), et sur la procédure en matière de délits de la presse, d'affichage et de criage public (3).

Aux élections générales de juillet 1831, M. Martin devint le député du collége de Douai *extra muros*, et, depuis cette époque jusqu'à sa mort, les électeurs de ce collége, dans neuf élections successives, n'ont pas cessé de lui conserver leur confiance, toujours à d'immenses majorités.

Dans la session de 1831-1832, il fut nommé membre de la commission chargée d'examiner le projet de loi sur l'avancement dans l'armée (4): les généraux et les officiers supérieurs qui siégeaient avec lui dans cette commission (5), reconnurent bien vite sa sagacité, sa facilité à saisir et à discuter même les matières qui semblaient étran-

(1) Loi du 30 mars 1831.
(2) Loi du 4 mars 1831.
(3) Loi du 8 avril 1831.
(4) Loi du 14 avril 1832.
(5) La commission était composée de MM. le général Jacque-minot, le général Durosnel, Sapey, le général Laidet, le général Bertrand, Blaniac, Martin du Nord, le colonel Boyer de Peyreleau, le maréchal Clausel.

gères à ses études spéciales : il fut nommé rapporteur de la commission, et le travail qu'il présenta à la Chambre sur cette question justifia complétement le choix de ses collègues.

Il fut aussi le rapporteur du projet de loi autorisant la ville de Paris à contracter un emprunt de 40 millions (1), du projet de loi relatif aux droits civils et politiques à accorder aux hommes de couleur dans nos colonies (2), et enfin de la Commission d'enquête que la Chambre des députés nomma pour étudier et constater les causes et les circonstances du déficit laissé par M. Kessner, caissier général du trésor public (3), dont la disparition préoccupa fortement l'opinion publique à cette époque. On n'a peut-être pas oublié les attaques violentes et calomnieuses auxquelles l'honorable député du Nord fut exposé après la publication de son rapport, si remarquable pourtant et si complet (4). Nous regrettons d'avoir à rappeler que le

(1) Loi du 29 mars 1832.

(2) Ce projet, dont le rapport a été présenté le 13 avril 1832, n'a pas été discuté.

(3) Voir ce rapport au *Moniteur* du 11 avril 1832. Il ne fut pas discuté dans cette session.

(4) On peut apprécier la valeur de ces calomnies lorsqu'on sait que les résolutions de la commission dont M. Martin fut l'organe furent arrêtées *à l'unanimité*, et que cette commission était composée de MM. Lepelletier d'Aulnay, Demeufve, Odilon Barrot,

jury de son département, devant lequel il tradui-
sit un journal de Douai qui avait accueilli ces attaques, crut devoir acquitter ce journal. Mais nous
nous hâtons d'ajouter qu'une double et bien douce
satisfaction, provoquée en partie par cette décision,
fut immédiatement décernée à M. Martin par ses
confrères du barreau de Douai et par ses collègues
de la Chambre des députés ; les premiers l'élurent
encore une fois pour leur bâtonnier ; la Chambre,
à l'ouverture de la session suivante (le 21 novembre 1832), lui conféra une dignité parlementaire
justement enviée, en le choisissant pour l'un de
ses secrétaires.

Dans la session de 1833, M. Martin fut rapporteur du projet de loi sur l'expropriation pour cause
d'utilité publique, qui, entre autres dispositions
importantes, réalisa cette grave innovation de la
substitution d'un jury spécial, soit à l'autorité administrative, soit aux tribunaux, pour l'apprécia-

Bérenger (de la Drôme), Humann, Martin du Nord, Cunin-Gri-
daine, le général Demarçay et François Delessert. Il est bon de
rappeler, en outre, que, dans la session suivante, la question fut
de nouveau soumise à la Chambre, sous une autre forme, par
une proposition de M. Salverte, que deux commissions furent
successivement nommées pour examiner cette proposition, et
que ces deux commissions choisirent encore M. Martin pour leur
rapporteur. (12 janvier et 23 mars 1833.)

tion des indemnités d'expropriation. Ce projet
donna lieu, dans la Chambre des députés, à une
discussion approfondie (1); le rapporteur ne faillit
pas à sa mission et se montra constamment à la
hauteur de sa tâche.

Dans la même session, M. Martin fut aussi
chargé du rapport de la proposition de M. Laffitte,
sur le desséchement des marais. Les difficultés
de la matière n'ont pas encore permis d'arriver
même à une discussion législative sur cette question. Le travail de M. Martin (2) sera néanmoins
consulté avec fruit par les hommes qui repren-
dront ce sujet d'études, sur lequel tant de documents sont déjà accumulés.

A côté de ces témoignages de sa laborieuse activité, nous aimons à enregistrer ici le succès qu'il
obtint, le 13 juin 1833, en prenant, par un de ces
généreux élans de cœur qui lui étaient naturels,
la défense de M. le maréchal Soult, indignement
outragé la veille par M. de Bricqueville. Les per-
sonnalités offensantes que ce député s'était permi-
ses dans cette circonstance, avaient tellement dé-
passé toutes les limites de la liberté de la tribune,

(1) C'est la loi du 7 juillet 1833, reproduite et complétée plus
tard par celle du 3 mai 1841. La discussion à la Chambre des
députés, en 1833, a duré du 1er au 10 février.

(2) *Moniteur* du 19 juin 1833.

que M. le marquis de Dalmatie, fils de M. le maréchal, prit fait et cause pour l'honneur de son père, et provoqua en duel M. de Bricqueville. A l'ouverture de la séance du lendemain, M. le maréchal Lobau, s'élevant avec une chaleureuse indignation contre le scandale de pareilles attaques, demanda, à titre de réparation solennelle, que le discours de M. de Bricqueville ne fût pas mentionné au procès-verbal. M. Salverte fit observer que le réglement de la Chambre ne permettait pas d'accueillir ce vœu. M. Martin prit alors la parole, et s'exprima ainsi (nous copions le *Moniteur*) :

« Ce n'est pas seulement une passion généreuse qui m'appelle à la tribune, c'est un sentiment de justice qui me force à y monter. Je n'ai pas l'honneur de faire partie de l'armée ; c'est comme citoyen, comme député jaloux de notre gloire nationale, que je viens hautement improuver les insinuations qui ont été dirigées dans la séance d'hier contre l'une de nos plus grandes illustrations militaires. (Marques d'adhésion.) Puisque cette tribune a retenti d'attaques aussi violentes, que la Chambre retentisse à son tour des protestations que me dicte mon amour pour mon pays. (Nouvelle adhésion.)

« L'honorable maréchal Lobau vous demande qu'il ne soit pas fait mention au procès-verbal du discours qui a été prononcé dans la séance d'hier. Je n'insisterai pas sur une pareille proposition. Peut-être le réglement ne le permet pas : il se tait du moins. Pourquoi ce silence? C'est parce qu'on n'a pas pu prévoir des écarts semblables à ceux que nous déplorons tous.

« Dans cet état de choses, je ferai une autre proposition à la Chambre, et je suis sûr qu'elle atteindra le même but. C'est une improbation non équivoque qui doit être prononcée. (Oui! oui!) Cette improbation a été noblement exprimée par le compagnon d'armes, par le compagnon de gloire du vainqueur de Toulouse, du major-général de l'armée de Waterloo. Je demande qu'il soit ordonné par la Chambre que le discours entier de M. le maréchal Lobau soit inséré au procès-verbal. Cette décision, prise dans une occasion aussi solennelle, sera, à coup sûr, une manifestation éclatante et de la volonté de la Chambre, et des sentiments pénibles qu'elle a éprouvés. »

(De toutes parts : *Très bien! très bien! aux voix! aux voix!*)

M. le président Dupin fit suivre cette vive allocution de quelques paroles pleines de dignité dans le même sens, et mit la proposition aux voix. La Chambre, dit encore le *Moniteur*, se leva en masse;

cinq à six membres seulement se levèrent à la contre-épreuve.

Telle a été l'origine principale de l'attachement particulier que M. le maréchal Soult conçut dès-lors pour M. Martin. Le temps n'a fait que cimenter ce sentiment, qui n'a été altéré ou affaibli dans aucune circonstance, et dont M. le maréchal a constamment donné à M. Martin les preuves les plus décisives.

IV.

Ainsi qu'on a pu en juger par les détails sommaires qui précèdent, les trois premières années de la carrière politique de M. Martin du Nord avaient graduellement et promptement grandi sa situation dans la Chambre des députés. La sagacité de son jugement, la facilité et la lucidité de sa discussion, l'ardeur qu'il apportait au travail, avaient été bientôt remarquées. A ces dons de l'intelligence, il joignait cette urbanité de manières, cette bienveillance de cœur, sans lesquelles les plus heureuses qualités de l'esprit ne portent guère, au milieu des hommes en général, dans les assemblées législatives en particulier, tous les fruits qu'elles sont légitimement destinées à produire. M. Martin, aimé de ses collègues, fréquemment honoré de leur confiance, avait ainsi acquis une importance parlementaire désormais incontestable ; or, à cette époque, qui demeurera mémorable, au temps de Casimir Périer, et ensuite sous ce ministère du 11 octobre, qui réunissait MM. le maréchal Soult, de Broglie, Guizot, Thiers et de Rigny, une telle position ne pouvait être conquise que par les luttes et au grand jour de la tribune.

Ce ministère songea donc à s'approprier plus intimement encore l'utile concours de M. Martin du Nord, en lui ouvrant la carrière des fonctions publiques ; et plût à Dieu que toutes les nominations ou promotions qu'on a si souvent attaquées ou défendues comme politiques, eussent été aussi réellement, aussi sagement politiques que celle-là ! Par ses antécédents, par les études de toute sa vie, par les connaissances juridiques qu'il avait déployées à la Chambre dans tous les débats spéciaux auxquels il avait pris part, M. Martin était naturellement appelé à entrer dans la magistrature. Le poste de procureur-général dans une Cour royale du sud-est de la France lui fut d'abord offert ; mais, craignant surtout de ne pouvoir en concilier les obligations avec celles de la députation, M. Martin ne crut pas devoir l'accepter. Quelque temps après, par ordonnance royale du 6 août 1833, il fut nommé avocat-général à la Cour de

cassation. Ces fonctions, qu'il n'avait pas deman-
dées (1), convenaient parfaitement à la nature de
son esprit. Devant cette haute juridiction, et surtout devant la chambre criminelle, à laquelle
M. Martin fut attaché, la discussion du ministère
public doit être rapide et précise : négligeant tous
les détails superflus, il doit se placer immédiatement sur le terrain déjà fixé par les travaux de la
science et les monuments de la jurisprudence, et
dégager brièvement et nettement des raisons de
douter la raison de décider. Le talent de M. Martin satisfaisait d'avance à ces conditions ; il aima
donc sur-le-champ ses nouveaux devoirs, et il s'en
acquitta avec un succès qui acheva de justifier aux
yeux de la Cour suprême la promotion dont il avait
été l'objet.

Le 26 décembre 1833, à l'ouverture d'une nouvelle session, M. Martin fut réélu secrétaire de la
Chambre.

Fidèle à ses souvenirs de rapporteur de la loi
sur l'avancement dans l'armée, il concourut acti-
vement à la discussion de la loi sur l'état des officiers (2).

Rapporteur du projet de loi sur les associa-

(1) Voir ci-après, page 128, le discours prononcé sur la tombe
de M. Martin par M. Barthe, qui était garde-des-sceaux en 1833.
(2) Loi du 19 mai 1834.

tions (1), qui ne fut adopté par la Chambre des députés qu'après douze séances, il eut à soutenir, pour la part considérable que son rôle comportait, le choc des controverses les plus animées ; on peut se rappeler que la vivacité et parfois la véhémence de ces débats semblent avoir été le prélude et le signal de la protestation armée que les associations auxquelles cette loi s'appliquait dirigèrent, quelques jours après, contre ses dispositions.

Il fut enfin, dans cette session, l'organe de la Commission chargée de l'examen du budget du ministère du commerce et des travaux publics (2).

C'est dans le cours de cette même année, le 5 avril 1834, qu'il fut nommé procureur-général près la Cour royale de Paris, en remplacement de M. Persil, nommé garde-des-sceaux. Dix jours après, il était chargé de remplir les fonctions de procureur-général près la Cour des pairs, à laquelle était dévolu le jugement des troubles si graves qui venaient d'éclater simultanément sur plusieurs points de la France, à Lyon, à Paris, etc. L'histoire gardera le souvenir de la lutte qui s'en-

(1) Loi du 10 avril 1834.

(2) A cette époque, les budgets des divers départements ministériels étaient soumis à l'examen de commissions distinctes et donnaient lieu à des rapports spéciaux.

gagea alors entre cette juridiction souveraine et les
accusés. Le caractère de cette lutte était, au fond,
celui d'une véritable guerre, déclarée par des passions violentes à la société (1), dont elles ne vou-
laient pas reconnaître la première et la plus haute
expression, la justice ; dans la forme, ces passions
se traduisaient en audacieuses provocations, jetées
à la face même de la Cour. Nul de ceux qui ont
assisté aux diverses scènes de ce drame, désormais
si lointain, n'a oublié, notamment, cette séance du
7 mai 1835, dans laquelle cent ou cent-vingt accusés, pleins de jeunesse, de vigueur, d'exaspéra-
tion frénétique, à peine contenus par leurs gardes,
que surprit à l'improviste le déchaînement inat-
tendu de leurs transports, couvrirent tout-à-coup
de clameurs furieuses la voix du procureur-général,
tandis que celui-ci poursuivait tranquillement la
lecture de son réquisitoire à ce tribunal impassi-
ble, que leur désespoir exalté sembla un moment
menacer des derniers excès. Certes, on peut dire,
aujourd'hui encore, qu'en triomphant de telles ré-

---

(1) Cette appréciation a trouvé une justification nouvelle dans
la journée du 15 mai et dans celles de juin 1848, où l'on a vu
figurer un nombre notable des anciens accusés d'avril 1834 et
de mai 1839. Ce n'était pas seulement à telle ou telle forme
de gouvernement, c'était à la société elle-même que s'attaquait,
alors comme aujourd'hui, leur hostilité.

sistances, la Cour des pairs a rendu un immense service, non-seulement au gouvernement de Juillet, mais encore aux intérêts permanents et éternels de l'ordre social, dont la justice est le premier besoin dans tout pays civilisé. Une part capitale, dans l'accomplissement de cette grande tâche, revient au procureur-général, dont l'inébranlable fermeté surmontait les obstacles qui renaissaient à chaque instant sous ses pas, en même temps que ses adversaires eux-mêmes étaient amenés à reconnaître la modération constante qu'il déployait (1), et qui donnait plus de force à cette fermeté même.

A l'occasion de ce procès, et plus tard à l'occasion des procès Fieschi, Alibaud *et du complot de Neuilly*, M. Martin recevait chaque jour des mena-

---

(1) Aussi, quelques années après, dans les luttes si âpres et si solennelles de la coalition, M. Martin a pu (séance de la Chambre des députés du 8 janvier 1839) se donner hautement ce témoignage : « J'ai eu, dit-il, l'honneur ou plutôt le triste devoir « de provoquer, comme membre du ministère public, la ri- « gueur des lois contre des hommes qui avaient troublé la paix « publique. Eh bien! je crois être sorti de cette position sans « avoir excité contre moi aucune haine politique, et j'ai été heu- « reux, moi aussi, après avoir provoqué l'action des lois contre « les coupables, de m'associer à l'acte qui les rendait à la li- « berté (l'amnistie du 8 mai 1837). »

La même justice lui a d'ailleurs été rendue par une autorité qui n'est certes pas suspecte à cet égard. Dans la *Biographie des Hommes du jour*, M.Germain Sarrut, ancien rédacteur du jour-

ces anonymes de toute espèce. Il en a longtemps conservé la collection ; mais elles n'ont jamais provoqué en lui un autre sentiment que celui du mépris, dont son indifférence à cet égard était la meilleure preuve.

Il possédait en effet au plus haut degré ce courage civil, non moins méritoire et bien plus rare chez nous que le courage militaire, et qui consti-

nal *la Tribune*, a consacré un article à M. Martin du Nord. Il va sans dire que ce travail, en ce qui touche à la politique, est fait au point de vue des opinions de l'auteur, et qu'ainsi l'adversaire s'y rencontre chez l'écrivain. Mais l'appréciation qui s'y trouve, de la bienveillance naturelle de M. Martin, n'en est que plus significative. Nous citerons, notamment, les deux passages suivants :

« M. Martin du Nord est en tout un homme positif, et, quels que soient ses torts et ses égarements politiques, nous ne voyons dans ces excès que la conséquence logique de ce positivisme, et non les élans d'une nature mauvaise. Loin de là, M. Martin est bienveillant par caractère ; il a eu plus d'une occasion de le témoigner, alors qu'il exerçait les pénibles fonctions du ministère public près la Cour royale de Paris et la Cour des pairs. Historiens impartiaux, nous pensons qu'on ne saurait contester ce fait sans injustice........

« Dans le courant de cette même année (1835), M. Martin fut surtout occupé par ses travaux de la Cour des pairs. Nous le répétons ici, parce que nous en avons la certitude ; dans cette longue instruction, M. Martin n'aggrava point les charges qui pesaient sur les prévenus ; il se montra bienveillant pour un grand nombre d'entre eux, et ne fut point étranger à la majeure partie des arrêts de non-lieu qui furent prononcés. »

tuera toujours une des plus éminentes et des plus indispensables qualités de l'homme politique et du magistrat. Comme député, comme procureur-général surtout, et aussi comme ministre, il en a eu de nombreux et quelquefois dangereux exemples à donner. Il les donnait avec un calme plein de simplicité, avec une égalité et une sérénité d'âme, qui étaient à la fois l'émanation et la preuve de ce courage. Souvent, en contemplant cet heureux privilége de sa nature, ce noble côté de son caractère, notre mémoire nous a retracé, pour les lui appliquer, ces beaux vers du poëte latin (1):

> *Non civium ardor prava jubentium,*
> *Non vultus instantis tyranni* (2)
> *Mente quatit solida. . . .*
>
> . . . .
>
> *Nec sumit aut ponit secures*
> *Arbitrio popularis auræ.*

Dans l'exercice régulier des fonctions ordinaires du parquet, M. Martin apportait cette incessante activité et cette inaltérable bienveillance dont il a laissé tant de traces dans ses deux ministères.

---

(1) Horace.

(2) On sait que les tyrans ne sont pas tous sur le trône, et que ceux de la place publique, là où il s'en rencontre, ne sont pas, à tout prendre, beaucoup plus commodes que les

La magistrature du ressort de la Cour royale de
Paris, à laquelle il était étranger lorsqu'il fut
élevé à ce poste, n'avait pas tardé à l'apprécier et
à l'aimer comme il méritait de l'être, et elle lui
avait voué un attachement dont il s'est souvenu
plus tard quand il a été appelé de nouveau à s'oc-
cuper d'elle au ministère de la justice.

Des diverses phases de sa vie, M. Martin aimait
particulièrement à se rappeler celle-là. Le sentiment des services qu'il avait rendus alors à son
pays, du bien qu'il avait pu faire au milieu de tant
de difficultés et de périls, expliquait et justifiait
assurément cette prédilection de ses souvenirs.

A l'ouverture de la session de 1834–1835, après
les élections générales de 1834, M. Martin fut élu
vice-président de la Chambre des députés (1). Ses
travaux judiciaires ne lui permirent pas de suivre
alors les débats parlementaires avec son assiduité
habituelle. Nous rappellerons cependant qu'au
mois de janvier 1835, il présenta à la Chambre,
qui la prit en considération, une proposition ayant
pour objet de faire nommer, par la Chambre elle-

tyrans couronnés. Un républicain de vieille date, Cicéron, a
dit énergiquement : *Nihil ista, quæ populi speciem et nomen
imitatur, immanius bellua est.* (Cic., *de Republica*, lib. 3,
§ 25.)

(1) 8 août 1834.

même, une Commission d'enquête chargée de re-
chercher si le monopole des tabacs, qui soulevait
plus particulièrement les plaintes des cultivateurs
des départements du Nord, ne pourrait pas être
remplacé par un système dans lequel les intérêts
du Trésor et ceux de l'agriculture seraient plus
équitablement conciliés. M. Martin fit partie de
cette Commission, dont les travaux n'ont pas
abouti à la découverte de ce système, mais ont,
par cela même, contribué à empêcher le renou-
vellement des critiques antérieurement dirigées
contre la législation existante.

V.

Au mois de septembre 1836, M. Martin voyageait en Suisse, lorsqu'il fut rappelé à Paris pour faire partie du ministère qui devait succéder au cabinet, inopinément renversé, du 22 février précédent. Le Roi lui confia, dans cette nouvelle administration, le portefeuille des travaux publics, de l'agriculture et du commerce (1); mais une maladie grave ne permit à M. Martin de prendre possession de ses fonctions qu'un mois après sa nomination. Il fit successivement partie, en la même qualité, du cabinet du 6 septembre et du cabinet du 15 avril, présidés l'un et l'autre par M. le comte Molé.

Nous n'énumérerons pas tous les actes qui ont

(1) 20 septembre 1836.

marqué son passage dans ce département ministériel, divisé plus tard (1) en deux ministères sé-
parés. Nous nous contenterons de constater ici
que le pays lui a dû quelques mesures qui, pour
avoir peu occupé les bruyants organes de la
presse, n'en présentaient pas moins d'intérêt et
n'en ont pas eu moins d'utilité.

Nous citerons, par exemple, la loi du 4 juillet
1837, qui mit un terme à la trop longue tolérance
de l'usage des anciens poids et mesures, et établit
définitivement et exclusivement le nouveau système métrique.

Nous citerons encore la loi du 20 mai 1838,
qui a déterminé d'une manière précise les cas
redhibitoires dans les ventes d'animaux domestiques, et celle du 27 avril 1838, sur l'asséchement
et l'exploitation des mines, qui a sauvé les ri-
chesses houillères de la France, gravement com-
promises par l'insuffisance de la législation antérieure et par l'égoïste incurie de l'intérêt privé.

Nous pourrions rappeler enfin les nombreuses
allocations de crédits obtenues des Chambres par
M. Martin, pour l'exécution de grands travaux de
routes ou de navigation, et en général pour imprimer une impulsion de plus en plus active aux

(1) 12 mai 1839.

divers et importants services qui relevaient de son
département (1).

Mais nous nous reprocherions de passer sous silence ou de ne pas mettre suffisamment en relief
un fait de cette époque, qui honore singulièrement, selon nous, le ministre chargé alors du portefeuille des travaux publics, et qui témoigne hautement de l'élévation de ses vues, de la sagacité
et de la justesse de ses prévisions.

Dans le cours de la session de 1837, M. Martin,
jaloux de concourir à faire profiter la France
d'une des plus grandes découvertes de la science
moderne, impatient de relever notre patrie de
l'infériorité où elle se trouvait à cet égard vis-
à-vis de plusieurs pays voisins, présenta à la
Chambre des députés divers projets de lois,
qui avaient pour objet de concéder à l'industrie privée un certain nombre de chemins de fer.
Ces projets donnèrent lieu, en juin 1837, à une
discussion générale, dans laquelle M. Martin eut
l'occasion d'exprimer sa préférence personnelle
pour l'exécution des chemins de fer par l'État.
Mais cette idée, que le petit nombre de ses partisans antérieurs avait jusque-là reléguée dans
le domaine des spéculations inapplicables, rallia

(1) Voir la note A à la fin de ce travail.

inopinément, dans cette discussion, des suffrages
assez importants et assez divers (1), pour que la
réalisation pût en être désormais tentée; les
projets présentés furent en conséquence ajournés
à la session suivante. Dans cet intervalle, M.
Martin voulut s'éclairer plus complétement encore
sur un sujet si grave, et alors si nouveau pour
nous; il fit un voyage en Angleterre, pour y ap-
profondir par lui-même la question sous toutes
ses faces, étudier les solutions qu'elle y avait
reçues, les résultats que ces solutions y avaient
produits, et les enseignements que la pratique y
plaçait à côté des théories. A son retour en France,
il institua, sous sa présidence, une commission,
composée des hommes les plus considérables et les
plus compétents (2), pour examiner les divers
systèmes, et arrêter les bases des propositions que

(1) Nous citerons notamment MM. Jaubert, Vivien, Duchâ-
tel, Dufaure; nous ajouterons que l'opinion de M. Thiers, alors
absent, a été citée dans le même sens, et qu'elle n'a jamais varié sur ce point.

(2) Cette commission était composée de MM. le comte d'Ar-
gout, le duc de Caraman, Victor Charlier, François Delessert,
Dufaure, Dumon, le baron de Fréville, Gréterin, Legrand (de
la Manche), le comte Mathieu de la Redorte, Michel (président
du tribunal de commerce de Paris), le baron Mounier, Odier,
Hipp. Passy, Félix Réal, de Rémusat, Tarbé de Vauxclairs et
Cerclet, secrétaire.

le Gouvernement pourrait avoir à soumettre aux Chambres. Les délibérations de cette commission, dont les résolutions furent prises à l'unanimité, achevèrent d'affermir M. Martin dans sa prédilection pour le système de l'établissement des chemins de fer, ou du moins des grandes lignes, par l'État, et il présenta à la Chambre des députés, le 15 février 1838, un vaste projet dans ce sens(1). On sait que cette conception eut le malheur d'une hardiesse précoce, et le sort d'une vérité prématurée ; on sait qu'elle effraya les esprits timides du Parlement, que les ennemis politiques du cabinet exploitèrent ces craintes, sincèrement partagées du reste par plusieurs d'entre eux, et qu'en définitive la Chambre des députés, sur les conclusions de sa commission, rejeta le projet ministériel. Mais on sait aussi que M. Martin déploya, dans ce grand débat (2), toutes les ressources d'un talent éprouvé et d'une conviction profonde; on n'a pas oublié qu'il fut soutenu dans cette lutte par des

(1) En relisant, après dix ans, l'exposé des motifs de ce projet, nous y avons retrouvé toutes les idées, qui, plus ou moins commentées, ont défrayé depuis lors la polémique des partisans, chaque jour plus nombreux, de l'exécution des chemins de fer par l'État; nous y avons trouvé aussi la prédiction de la plupart des inconvénients que devait produire et qu'a effectivement produits le système contraire.

(2) Séances des 7, 8, 9 et 10 mai 1838.

hommes tels que MM. Jaubert, Legrand, etc., dont le nom fait autorité sur ces questions ; on n'a pas oublié, enfin, que l'expérience ne s'est que trop bien chargée de lui donner raison, et que l'un des plus infatigables adversaires du ministère dans cette discussion , le savant rapporteur de la commission de la Chambre des députés (1), a solennellement avoué plus tard, dans le sein du Conseil général de la Seine, l'erreur qu'il avait commise et le regret qu'il éprouvait d'avoir concouru à ce vote.

Quoi qu'il en soit, M. Martin, qui désirait, avant tout, que la France se mît sérieusement à l'œuvre, et qui ne voulait pas sacrifier le but aux moyens, prépara immédiatement de nouveaux projets dans le système que la Chambre des députés préférait, et la session ne s'écoula pas sans que plusieurs chemins de fer, notamment ceux de Paris à Orléans, et de Paris à Rouen, au Havre et à Dieppe, fussent concédés à des compagnies (2).

Absorbé par les grands intérêts qu'il avait plus spécialement à régir, M. Martin ne prit pas habi-

(1) M. Arago.

(2) Lois des 6 et 7 juillet 1838. On sait, du reste, que ce dernier chemin (Rouen par les plateaux) n'a pas été exécuté par la compagnie concessionnaire, et que la compagnie d'Orléans n'a poursuivi son entreprise qu'à grand renfort de subventions et de garanties ultérieures de la part de l'État.

tuellement une part très active, pendant ces deux années, aux discussions parlementaires sur la politique générale. Nous croyons cependant devoir reproduire ici un passage d'un discours qu'il a prononcé dans une discussion de cette nature, le 4 mai 1837. Dans ce discours, après avoir passé en revue quelques-unes des questions qui étaient alors à l'ordre du jour, et qui avaient plus ou moins directement amené la formation récente du cabinet du 15 avril. M. Martin s'exprima ainsi :

« Au milieu des circonstances pénibles que je rappelais tout à l'heure, lorsqu'ici nous combattions des adversaires qui repoussaient la loi des associations, lorsque, à la Chambre des pairs, j'étais obligé, par la nature des fonctions qui m'avaient été confiées, de requérir des peines sévères contre des hommes qui ne les avaient que trop méritées, je l'avouerai, une pensée m'a constamment préoccupé : cette pensée, je l'exprimerai, parce que, dans d'autres circonstances, je ne l'ai point dissimulée. Oui, à la Chambre des pairs, je souffrais d'avoir à remplir un devoir rigoureux, mais rendu nécessaire par l'obstination factieuse des hommes qui étaient sur les bancs des accusés ; dans cette enceinte, je souffrais d'avoir à combattre des collègues qui avaient eu avec moi de longs rapports de sympathie, qui avaient voté avec moi, que j'avais appris à aimer et à estimer; et j'aspirais au moment où, les luttes d'opinions étant passées, la réflexion venant éclairer des esprits un instant égarés, nous les verrions se rallier à cette politique qui a été constamment la nôtre.

« Cette pensée, je la témoigne encore aujourd'hui. Oui, en même temps que nous parlons de l'énergie avec laquelle nous combattrons les factions si elles lèvent encore la tête, nous exprimons le vœu de voir de cruelles dissidences se dissiper, des hommes que nous croyons dévoués au pays comme nous, se rapprocher; c'est là notre ardent désir. (Au centre : *Très-bien !*)

« Dans ma pensée, il ne faut pas que le gouvernement soit une lutte continuelle; elle doit avoir un terme, et, lorsque les factions sont vaincues, lorsque les hommes qui avaient ouvertement tenté la ruine du gouvernement rentrent dans le devoir ou se repentent, effaçons autant qu'il est en nous le souvenir de ces luttes pénibles. »

Nous aimons à rappeler ces paroles : ceux qui ont connu M. Martin l'y retrouveront tout entier; ils savent qu'il n'a pas cessé un instant d'être fidèle aux sentiments de conciliation qu'elles exprimaient, et qui, à vrai dire, inspiraient plus encore sa politique qu'ils ne lui étaient inspirés par elle, tant ils émanaient du fond même de sa nature.

Au surplus, quelques jours après, l'amnistie,
ce grand acte de clémence et de force, donnait un
gage éclatant de la sincérité de ces sentiments, et,
en même temps qu'elle contribuait à imprimer au
cabinet du 15 avril ce cachet particulier que l'histoire lui conservera, elle inaugurait sous les plus
favorables auspices le mariage du prince, si
regretté depuis, si regrettable surtout, qu'une
mort fatale a enlevé en 1842.

VI.

A l'ouverture de la session de 1839, la coalition, qui s'était déjà essayée sur la question des chemins de fer, livra au cabinet du 15 avril cette bataille, mémorable dans les annales parlementaires, dont le renversement de ce cabinet fut la suite plutôt encore que la conséquence. Nous n'avons pas ici à juger cette lutte. Contentons-nous de rappeler l'éclat avec lequel l'illustre président du Conseil, dignement secondé par ses collègues, et aussi par l'éloquence de l'honorable M. de Lamartine, a porté le poids de ces solennels débats. Nous ne craignons pas de dire que, *s'il y a des pertes triomphantes à l'envy des victoires* (1), la défaite de ce ministère a présenté ce caractère et lui

(1) Montaigne.

a laissé cette consolation : il n'en est aucun qui ait été environné de sympathies plus vives dans sa chute, plus durables après sa retraite, et ses adversaires mêmes n'ont pu lui refuser leur témoignage à cet égard.

M. Martin du Nord paya son tribut à la défense commune, notamment dans la séance du 8 janvier 1839. Nous ne reproduirons pas le discours qu'il prononça; nous ne pouvons cependant nous empêcher de remarquer qu'il termina ce discours en exprimant, sur la coalition, ce jugement, malheureusement prophétique, *qu'elle ne pouvait porter que des fruits amers pour la Chambre et pour le pays.*

Le 1ᵉʳ avril 1839, M. Martin quitta le ministère avec ses collègues. Peu de temps après, la Chambre des députés, nouvellement élue, procéda à la vérification des pouvoirs de ses membres, et les incidents de cette discussion donnèrent à M. Martin l'occasion de prouver, de la manière la plus irrécusable, la loyauté scrupuleuse qui avait présidé à tous les actes de son administration. A propos de l'élection de M. Vatout à Semur, deux députés prétendirent que le gouvernement s'était livré à des manœuvres corruptrices et frauduleuses, au nombre desquelles l'un d'eux fit figurer quelques allégations contre l'ancien ministre du commerce et des travaux publics. La réponse ne se fit pas attendre, et l'on peut, en se reportant au *Moniteur* des 7 et 9 avril 1839, se convaincre qu'elle ne laissa pas subsister la moindre trace des griefs hasardés qui avaient été articulés contre M. Martin. L'orateur rappela en passant, avec un bonheur qui fit sourire la Chambre, que l'année précédente, à la suite des élections générales de novembre 1837, l'un de ses adversaires, dirigeant précisément contre le même cabinet une accusation opposée, lui avait reproché de ne s'être pas mêlé des élections, et de s'être borné *à lever les mains au ciel en invoquant sur le pays le secours de la Providence.*

L'effet de ses explications spéciales fut d'ailleurs complet, et M. Martin l'accrut encore en les terminant de la manière suivante :

« Qu'il me soit permis enfin, puisque mon administration a été attaquée, de donner de simples chiffres à la Chambre, sur des circonstances qui ne paraissent pas sans gravité.

« On a beaucoup parlé de subventions, de secours, d'allocations qui auraient épuisé les caisses du Trésor. Tout cela doit être jugé d'après l'usage de chacun des ministères, et d'après les circonstances dans lesquelles on s'est trouvé. Eh bien ! je parlerai de l'administration dont j'ai été chargé.

« J'avais deux fonds dont la distribution m'appartenait. Un de ces fonds est un fonds spécial de secours ; il s'élève à 1,900,000 fr. Je suis sorti du ministère au 1ᵉʳ avril ; trois mois s'étaient écoulés ; savez-vous combien j'ai dépensé dans ces trois mois ? 132,100 fr., et je laisse à mon successeur la presque totalité. (*Vive adhésion au centre*).

« J'irai plus loin. Chaque année on a la précaution, au ministère des travaux publics, de réserver autant que possible un reliquat pour faire cesser, au commencement de l'année suivante, les inégalités qui auraient pu se trouver dans la répartition des secours de l'année qui vient de s'écouler.

« Cette année, sur l'exercice 1838, j'avais un reliquat de 280,000 fr. J'avais le droit assurément de le distribuer avant de quitter le ministère. Qui aurait pu m'en faire un reproche ? Personne ; j'aurais usé d'un droit incontestable. Cependant je ne l'ai pas voulu ; je devais quitter le ministère, et le fonds est resté ; il sera à la disposition de mon successeur. (Au centre : *Très-bien ! très-bien ! vive sensation.*)

« Voilà pour le fonds de secours. On a beaucoup parlé de comices et d'encouragements à l'agriculture. Oui, la Chambre, voulant bien écouter les observations que je lui avais soumises, et me donnant un témoignage dont je me souviendrai toujours, pour récompenser, si je puis le dire, mes efforts en faveur de l'agriculture, a bien voulu porter le crédit des encouragements agricoles, dans le budget de 1839, à 800,000 fr. Qu'en ai-je fait? Je suis arrivé au 1ᵉʳ avril, et j'ai dépensé 134,554 fr. pour un trimestre, sur 800,000 fr. (*Nouvelle sensation.*)

« Croyez-vous que je n'aurais pas pu dépenser davantage? Voici ce que j'ai fait. Le travail pour la répartition des fonds était préparé ; je n'ai pas voulu le signer; je l'ai légué à mon successeur, lui laissant le soin d'examiner s'il y a des changements à apporter.

« Si j'avais approuvé le travail, quel reproche aurait-on pu me faire ? Aucun, assurément; cependant je n'ai pas voulu l'approuver ; il est là, il attend l'examen de mon successeur. (*Très-bien ! très-bien !*)

« Voilà de quelle manière j'ai usé des fonds que le budget m'avait accordés, et c'est pourtant dans cette enceinte qu'on est venu m'accuser d'avoir abusé d'un pouvoir que j'ai, pendant deux ans, exercé avec la conscience, je puis le dire, d'avoir fait mon devoir. (*Vif mouvement d'approbation.*) »

VII.

Le 27 décembre 1839, à l'ouverture de la session de 1840, M. Martin du Nord fut élu vice-président de la Chambre des députés. Cette élection eut toute la portée d'un évènement politique : la candidature de M. Martin fut comprise et sa nomination fut acceptée comme une première réparation au cabinet du 15 avril, dans la personne d'un de ses membres les plus estimés ; elle présenta même d'autant plus manifestement ce caractère, que les deux concurrents réunissaient également au plus haut degré les sympathies générales sur tous les bancs de la Chambre (1).

Ancien ministre, M. Martin du Nord était désormais obligé, par cette situation, à garder vis-

(1) Le concurrent de M. Martin du Nord était M. Vivien.

à-vis de ses successeurs une réserve qui le plaçât, autant que possible, à l'abri de tout soupçon de rancune ou de passion ; la loyauté de son caractère et le sentiment de sa dignité lui rendaient d'ailleurs facile l'accomplissement de ce devoir. Il s'abstint donc de prendre, aux travaux parlementaires, pendant cette session, la part active et fréquente que ses habitudes antérieures et son expérience auraient justifiée. Il eut cependant à faire, au nom d'une Commission, le rapport d'un important projet de loi sur les douanes, qui fut discuté l'année suivante (1).

Dans le cours de la même session, le ministère du 1ᵉʳ mars, qui avait succédé à celui du 12 mai, offrit à M. Martin du Nord un siége de conseiller à la Cour de cassation, que l'honorable député crut devoir refuser. Quelques journaux du temps ont attribué ce refus à des motifs d'hostilité personnelle, que M. Martin a hautement désavoués. Ce qui prouve sa sincérité à cet égard, c'est qu'il n'a pas cessé alors d'entretenir les meilleurs rapports avec le ministre qui lui avait fait cette proposition (2). Ce qui le prouve encore, c'est que

(1) Loi du 6 mai 1841.

(2) Un jour, pendant la durée du ministère du 1ᵉʳ mars, à une époque où rien ne présageait sa chute, M. Martin alla voir

plus tard, rentré lui-même au pouvoir, il a saisi avec empressement, quelle que fût la vivacité des dissidences politiques, l'occasion d'appeler cet ancien ministre, son prédécesseur, à un poste élevé dans le Conseil d'État, et le Conseil d'État a salué avec joie et gratitude le retour dans son sein d'un homme dont la place y était si bien marquée par l'étendue de ses connaissances administratives, par la sagacité de son jugement, par les souvenirs que ses éminentes qualités y avaient laissés. M. Martin a dit souvent que le jour où, triomphant de la résistance de la plupart de ses collègues, il avait pu soumettre cette nomination à la signature du Roi (1), avait été un jour de bonheur pour lui.

le garde-des-sceaux de ce ministère. Il le trouva au milieu de travaux de réparations qu'on exécutait alors à l'hôtel de la chancellerie. *C'est pour vous, mon cher collègue,* lui dit en riant ce ministre, *que je me donne ces ennuis.* Il est probable que, dans ce moment, l'un ne croyait pas faire, l'autre ne croyait pas recevoir une prophétie si rapprochée de sa réalisation.

(1) 25 décembre 1843.

VIII.

La session de 1840 était à peine close, que les évènements amenèrent ces difficultés extérieures et intérieures, dont la gravité croissante détermina la chute du cabinet du 1er mars.

M. le maréchal Soult, chargé par le Roi de former un nouveau ministère, désirait en chercher les éléments et en puiser la force dans une combinaison conciliatrice, qui ralliât et constituât une majorité nouvelle ; il désirait rapprocher et réunir les diverses fractions du Parlement, que les rapports d'une ancienne confraternité politique et le sentiment commun des dangers de la crise présente pouvaient et devaient, malgré des luttes récentes, grouper ensemble autour du même drapeau. Parmi les hommes que leur situation indiquait pour aider à ce travail et en assurer le succès, la pensée de M. le maréchal se porta naturellement sur M. Martin du Nord; ses antécédents, son influence connue dans la Chambre des députés, le désignaient d'avance au choix du Roi. Cependant M. Martin hésita : les souvenirs de la coalition l'arrêtaient; il craignait d'être accusé d'inconséquence et d'une ambition toute personnelle. Ses anciens collègues du 15 avril intervinrent alors auprès de lui; ils l'engagèrent à accepter, et M. Martin, encouragé en même temps par le témoignage éclatant de confiance et de sympathie qu'il avait reçu de la Chambre des députés, à l'ouverture de la session précédente, se décida à céder à leurs conseils.

Un autre motif a d'ailleurs influé sur sa détermination dans cette circonstance. Non-seulement M. Martin du Nord appelait de tous ses vœux et secondait de tous ses efforts, dans l'intérêt permanent du pays, l'affermissement de la monarchie de juillet, qui lui paraissait (et il est certes permis, aujourd'hui encore, de partager cette opinion) devoir assurer, dans le présent et dans l'avenir, la meilleure et la plus sûre satisfaction des besoins sociaux d'ordre et de conservation, et de l'esprit progressif des temps nouveaux. Mais, en dehors de ces considérations générales, M. Martin, l'homme des vertus domestiques et privées, l'homme de cœur par excellence, avait conçu une estime et une vénération aussi profonde que sin—cère pour cette royale famille, qui donnait à un degré si éminent l'exemple de ces sentiments et de ces vertus : sous ce rapport et par ce côté, elle lui avait inspiré un attachement qui n'a jamais varié, et qui était bien autrement étroit que n'aurait pu l'être un dévouement purement politique. Le Roi exerçait donc sur M. Martin du Nord un ascendant d'une double nature, en même temps qu'il lui ac—cordait une confiance particulière et méritée (1). Cet ascendant vint s'unir aux autres causes que

(1) L'indépendance respectueuse, mais entière, de M. Martin du Nord, vis-à-vis du Roi, n'en était point altérée. Nous pour—rions citer telle nomination, soit au Conseil d'État, soit à la Cour de cassation, que le garde-des-sceaux n'a obtenue qu'au prix d'une inflexible résistance à des prétentions qui lui pa—raissaient incomplétement justifiées, mais qui étaient vivement appuyées en haut lieu. Nous nous abstiendrons, même pour honorer une mémoire qui nous est si chère, de toutes révélations de cette nature, et notre discrétion, à cet égard, sera un nouvel hommage que nous lui rendrons. Nous ressentons, au surplus, un profond dégoût pour ces publications rétrospectives que cer—tains spéculateurs en scandale, dépourvus, il est vrai, de tout sens moral, et plus ou moins bien inspirés, d'ailleurs, quant au but qu'ils poursuivent, se permettent parfois d'exhu—mer d'archives confidentielles et privées, que le hasard des révolutions a ouvertes devant eux; aussi ne voudrions-nous, dans aucun cas, quelle que pût être notre excuse, nous don—ner le tort, même apparent, d'imiter de tels exemples.

nous avons indiquées, et M. Martin entra dans le cabinet du 29 octobre 1840, comme garde-des-sceaux, ministre de la justice et des cultes.

On sait que ce cabinet, dans sa composition primitive, offrait une réunion de talents politiques et spéciaux, dont le ministère du 11 octobre 1832 a seul présenté l'équivalent. M. Martin du Nord y a pris sur-le-champ, y a constamment conservé une importante place; mais il a surtout contribué à apporter à cette administration le principe de conciliation dont elle avait besoin au milieu des circonstances difficiles qui rendaient l'avenir si incertain; il a été l'un des liens les plus puissants de la majorité qui, de 1840 à 1846, a soutenu ce cabinet à travers tant d'épreuves; et alors elle ne prêtait pas seulement au gouvernement l'appui du nombre, elle lui prêtait surtout l'appui d'une sympathie et d'une adhésion morale, qu'il n'a malheureusement pas assez conservée plus tard, avec une majorité numériquement plus forte.

Nous n'avons pas, on le comprend sans peine, la prétention de considérer ici M. Martin dans sa participation solidaire à la politique du ministère du 29 octobre. Le moment n'est pas venu de juger définitivement dans leur ensemble les tendances et les actes de ce ministère; une telle entreprise excéderait d'ailleurs nos forces et dépasserait notre but. Bornons-nous à protester hautement, en ce qui concerne M. Martin, contre un des reproches qui ont été le plus souvent adressés à cette administration pendant la dernière année de sa durée : nous voulons parler du reproche de corruption. Des faits profondément regrettables (1) ont pu, à cette époque, donner quelque apparence de fondement à une accusation, que l'acharnement quotidien de journaux passionnés et hostiles a d'ailleurs exploitée et grossie sans mesure ; mais, qu'elle ait ou n'ait pas été fondée à certains égards, il est tels membres de ce cabinet qu'elle ne saurait atteindre, et parmi eux, sans même faire à sa mémoire l'injure de le défendre sérieusement d'une pareille imputation, nous plaçons en première ligne M. Martin du Nord.

Sous la protection de cette simple protestation,

---

(1) Nous faisons surtout allusion à l'affaire Teste-Cubières, et à l'affaire Petit (1847 et 1848). Mais nous tenons à consigner ici une réserve analogue à celle que nous avons exprimée à la note 1 de la page 10 ci-dessus. Sans nous prononcer sur la question de savoir si cette accusation de corruption n'a malheureusement pas pu paraître fondée dans quelques cas exceptionnels, nous n'hésitons pas du moins à la repousser de la manière la plus formelle, en tant qu'on a voulu attribuer ces faits particuliers à une habitude générale, qui aurait été érigée en système par le ministère du 29 octobre dans les dernières années de son existence.

nous retracerons maintenant, dans ses traits les plus saillants, l'histoire spéciale de l'administration de M. Martin, soit comme ministre de la justice, soit comme ministre des cultes.

IX.

En prenant possession de son ministère, M. Martin du Nord adressa aux procureurs-généraux près les Cours royales une circulaire dont nous citerons seulement les lignes suivantes :

« Je ne négligerai rien pour maintenir et fortifier l'autorité salutaire que la magistrature n'a pas cessé de conserver sur les populations. Distinguer le vrai mérite, récompenser les longs et honorables services, faire respecter la hiérarchie et les droits acquis, telle est la pensée qui préside, j'en ai la confiance, à toutes vos présentations ; elle dictera tous les choix que j'aurai à soumettre à l'approbation du Roi. »

Nous ne craignons pas d'affirmer que M. Martin du Nord a été fidèle à ce programme. Ce n'est pas que nous revendiquions pour lui l'honneur, par trop exceptionnel, d'avoir à ce point échappé à la condition ordinaire de l'humanité, que, dans cette immense quantité de nominations auxquelles il a attaché son nom, aucune erreur n'ait été, pendant plus de six ans, surprise à sa religion. Ce n'est pas non plus qu'il entre dans notre pensée de soutenir qu'à côté des considérations judiciaires, M. Martin ne pesait pas, dans ses choix, les considérations politiques d'un certain ordre : c'était non-seulement son droit, mais son devoir, de n'appeler aux fonctions de la magistrature que des hommes décidés à respecter le serment qu'ils avaient à prêter ; aussi se préoccupait-il, avec raison, des garanties qu'offraient les candidats sous le rapport de leur attachement aux institutions de 1830 (1), et c'est ainsi qu'il était, selon nous, parfaitement fondé à exclure tout prétendant qui appartenait notoirement au parti légitimiste ou au parti républicain. Allons plus loin, d'ailleurs : nous avons trop d'inté-

---

(1) Cette règle de conduite était conforme à la pratique élémentaire et constante de tout gouvernement. Aussi a-t-elle été nettement et fort justement tracée par le premier garde-des-sceaux de la monarchie de juillet (M. Dupont de l'Eure), dans une circulaire qu'il adressa, le 29 octobre 1830, aux premiers présidents et aux procureurs-généraux. Cette circulaire, à laquelle tous les successeurs de ce ministre, du moins jusqu'au 24 février 1848, se référaient purement et simplement, chaque

rêt à chercher la vérité et à la dire, en ce qui touche M. Martin du Nord, pour ne pas convenir que parfois, dans des occasions rares, il a été amené à faire à des exigences plus ou moins fâcheuses des concessions peut-être regrettables. Mais ces occasions ont été rares, nous le répétons, et il a su en prévenir de plus en plus le retour par la défiance avec laquelle il accueillait les exigences auxquelles nous faisons allusion, lorsqu'elles se produisaient, par l'inflexible résistance qu'il leur opposait toutes les fois qu'elles lui apparaissaient avec le caractère d'une injustice démontrée ou d'une atteinte possible à la dignité de la magistrature. Sur tous ces points, les détails sont malheureusement impossibles ; ils mettraient en scène des noms propres que nous n'avons pas le droit de prononcer ; ils nous entraîneraient dans des développements excessifs et fastidieux. Nous nous bornons donc, indépendamment du témoi-

fois qu'ils avaient des présentations à demander, portait notamment qu'*avant de présenter un aspirant à la magistrature, le procureur-général ne devait rien négliger pour acquérir la certitude que sa capacité, sa réputation sans tache et son attachement loyal et sincère aux institutions constitutionnelles et au Roi des Français, le rendaient digne de l'emploi qu'il sollicitait ; que les présentations devaient faire connaître d'une manière précise les garanties de capacité et de dévouement au nouvel ordre de choses qu'offraient les candidats, etc.*

gnage personnel qu'une expérience journalière de cinq ans nous donne le droit de porter, à faire appel aux souvenirs des magistrats et des hommes qui ont vu de près cette partie de la vie de M. Martin du Nord; il n'en est aucun qui, comme nous, ne lui rende, à cet égard, la plus entière justice (1).

La sollicitude éclairée avec laquelle M. Martin du Nord a constamment veillé aux intérêts de la magistrature ne s'est pas seulement manifestée dans les choix qu'il a été appelé à proposer au Roi, elle a inspiré au même degré les mesures générales ou particulières qu'il a prises ou présentées aux Chambres pour améliorer le sort et relever la situation des magistrats, ou pour faciliter de plus en plus la bonne administration de la justice. Nous aurons à indiquer spécialement quelques-unes de ces mesures; mais une observation préalable doit encore trouver ici sa place.

On sait avec quelle vivacité l'opposition, dans les dernières années du ministère du 29 octobre, a reproché à ce ministère sa prodigalité dans la distribution des décorations. Il ne nous appartient pas d'apprécier la valeur de ce reproche en ce qui touche les collègues de M. Martin; mais nous sommes heureux de l'en disculper pour sa part. Il est

____

(1) Voir la note B à la fin de ce travail.

le seul des ministres de ce cabinet qui se soit constamment maintenu dans les limites du contingent assigné à son département sur le *maximum* annuel des décorations dont le gouvernement pouvait disposer ; il est le seul qui soit même resté, chaque année, au-dessous de ce contingent. Et cependant, si l'on remarque qu'il avait dans ses attributions l'immense personnel de la magistrature et du clergé ; si l'on tient compte de tous les éléments de vertu, de science et d'honneur que renferment ces deux corps ; si l'on réfléchit que leurs services puisent en partie leur rémunération dans la considération dont ils jouissent, on reconnaîtra que le ministre de la justice et des cultes aurait pu, plus que tel ou tel autre, être excusable de se laisser aller à une certaine facilité sur ce point. M. Martin ne l'a pas fait ; il a tenu fermement la main, en ce qui le concernait, à l'exécution des règlements. Aussi la décoration avait-elle conservé, dans la magistrature, toute la valeur qu'elle n'aurait jamais dû perdre ailleurs, et nous pourrions citer tel magistrat qui, pouvant l'obtenir du ministère de l'intérieur, comme membre ou président de Conseil général, a préféré l'attendre un ou deux ans de plus pour la recevoir du ministre de la justice.

Cet intérêt que M. Martin du Nord portait à

la magistrature française proprement dite s'est étendu à cette autre magistrature, française aussi, qui rend la justice en Algérie et dans nos colonies. Jusqu'en 1841, les membres des Tribunaux et des Cours royales de ces pays étaient nommés par le Roi, sur le rapport du ministre de la guerre ou du ministre de la marine. Quelque droites que fussent les intentions de ces ministres, il leur manquait plusieurs conditions indispensables en cette matière, l'esprit judiciaire, l'intelligence de cet esprit et de ses besoins, la connaissance de ce personnel spécial. D'ailleurs, les difficultés que la nature même des choses opposait déjà au recrutement de cette magistrature étaient encore aggravées par la séparation trop tranchée qui existait entre elle et la magistrature métropolitaine. Un des premiers actes de M. Martin eut pour objet de changer cette situation, soit dans l'intérêt de l'Algérie et de nos colonies, où la magistrature était appelée à jouer un rôle considérable dans l'œuvre de leur civilisation et de leur transformation, soit dans l'intérêt de cette magistrature elle-même, qu'il voulait élever et fortifier, en la rattachant par un lien nouveau à celle de la mère-patrie. De là les ordonnances des 28 février et 28 juillet 1841, qui décidèrent que ces nominations seraient désormais concertées entre le ministre de la justice et le ministre de la

guerre ou de la marine (1). En fait, la prépondé-
rance a immédiatement passé au ministre de la
justice, et les personnes qui se sont tenues au
courant de ces affaires savent que cette mesure
n'avait pas tardé à produire, autant que le temps
l'avait permis, les heureux fruits qu'en attendait
la sagacité de son auteur.

Suivons maintenant M. Martin dans les phases
principales de sa carrière législative et administrative pendant les dernières années que nous avons
à parcourir.

Dans le cours de la session de 1841, il reprodui-
sit et fit adopter un projet de loi relatif au tribunal
de première instance de la Seine (2), que la Chambre des pairs avait rejeté l'année précédente, et
qui, malgré son objet spécial, donna lieu à une
vive et savante discussion sur de hautes questions
d'organisation judiciaire.

La loi sur la responsabilité des propriétaires de
navires (3), et celle sur les ventes aux enchères de

(1) C'est également à M. Martin du Nord que sont dues les
ordonnances des 26 septembre 1842, 30 novembre 1844 et 26 juillet 1846, sur l'organisation et l'administration de la justice en
Algérie.

(2) Loi du 23 avril 1841.

(3) Loi du 14 juin 1841.

marchandises neuves (1) satisfirent également à des besoins importants.

De graves et utiles modifications furent apportées à plusieurs titres du Code de procédure civile, par la loi du 2 juin 1841, relative aux ventes judiciaires de biens immeubles.

Ici se place un des actes de M. Martin qui lui ont été le plus amèrement reprochés : comme sa bonne foi a été surtout mise en question, nous devons exposer avec soin toutes les circonstances de ce débat.

On sait que l'un des articles de cette loi, devenu l'article 696 du Code de procédure, chargeait les Cours royales de désigner, pour chaque arrondissement, un ou plusieurs journaux où seraient insérées les annonces judiciaires.

Si cette disposition cachait un piége à la liberté de la presse, il faut constater d'abord que l'honneur ou la responsabilité de l'invention ne reviendrait pas à M. Martin du Nord.

Déjà une loi du 31 mars 1833, reproduisant un décret du 12 février 1814, avait conféré la même attribution aux tribunaux de commerce pour la publication des actes de société, dans le cas prévu par l'article 42 du Code de commerce, et ce mode de publicité avait été étendu aux jugements

____

(1) Loi du 25 juin 1841.

déclaratifs de faillite par l'article 442 du même Code, modifié en 1838.

D'ailleurs, ce n'était pas le ministère du 29 octobre 1840, c'était celui du 12 mai 1839, qui avait préparé et présenté le projet de loi sur les ventes judiciaires de biens immeubles. Ce n'était pas M. Martin du Nord, c'était le garde-des-sceaux du ministère du 1er mars 1840 (M. Vivien), qui avait soutenu la première discussion de ce projet devant la Chambre des pairs. Or, dans sa première rédaction comme dans la rédaction votée par la Chambre des pairs, l'article 696 contenait déjà, sauf une insignifiante différence de détail, la disposition que sa rédaction définitive a consacrée.

Mais, lorsque le projet fut porté à la Chambre des députés, les journaux, toujours fort éveillés sur leurs intérêts matériels, toujours fort disposés à les couvrir du voile d'intérêts patriotiques et généraux, firent une bruyante levée de boucliers *pro aris et focis,* et, à leur suite, plusieurs orateurs de l'opposition dénoncèrent vivement à la Chambre la combinaison machiavélique qu'ils apercevaient dans cette partie du projet de loi. M. Martin répondit que le vote qui allait être émis n'avait rien de politique, qu'il ne s'agissait pas de la liberté de la presse, qu'il s'agissait seulement de donner satisfaction à un besoin constaté, et de faire cesser un abus fâcheux, en assurant par la concentration la publicité réelle et sérieuse des insertions prescrites par les lois. (*Séance du 13 janvier 1841.*)

Cependant il arriva que les Cours royales, lorsqu'elles furent appelées à exercer cette attribution nouvelle, accordèrent habituellement la préférence aux journaux qui, remplissant d'ailleurs les conditions désirables de publicité, défendaient le gouvernement et les institutions de 1830; il arriva surtout qu'elles exclurent à peu près généralement les journaux qui s'étaient constitués les organes no.toires de l'opinion légitimiste et de l'opinion républicaine. A vrai dire, il n'était guère possible qu'il en fût autrement, et certes il n'était pas besoin d'instructions ministérielles pour amener ce résultat; il suffit même de connaître l'esprit et l'extrême susceptibilité des grands corps judiciaires, pour être convaincu que de telles instructions, si elles avaient été données, auraient plutôt produit l'effet contraire.

Quoi qu'il en soit, les plus vives accusations furent, à ce sujet, et d'année en année, dirigées contre M. Martin. On lui reprocha d'avoir trompé la Chambre en annonçant que la disposition dont les dangers avaient été signalés n'avait rien de politique; on lui reprocha d'avoir secrètement influencé les Cours royales pour les engager dans la voie qu'elles suivaient.

Cette dernière imputation a toujours été, de la part de M. Martin, l'objet des dénégations les plus catégoriques, et aujourd'hui même nous ne craignons pas que les archives du ministère de la justice produisent aucune révélation qui infirme l'autorité de ces dénégations. Souvent M. Martin a été sollicité d'intervenir auprès des Cours royales; nous pourrions, si nous en avions le droit, citer ici tel préfet, tel député, tel ministre même, qui a plus d'une fois réclamé cette intervention, sous telle forme que M. Martin jugerait convenable ; il n'est personne qui n'ait essuyé, en pareil cas, un refus inébranlable et constant.

Quant au premier point, nous croyons que la réponse tant reprochée à M. Martin exprimait bien réellement sa pensée; mais nous regrettons qu'il ne lui ait pas donné alors les développements dont elle a été accompagnée dans d'autres discussions (1), et dont la netteté n'aurait permis aucune équivoque. Sans doute il ne s'agissait pas de la liberté de la presse; mais il ne suffisait peut-être pas

______

(1) Voir notamment la discussion de mai 1846 sur une proposition présentée par M. Vivien, pour faire abroger ou modifier l'art. 696 du Code de procédure.

de l'indiquer, il fallait l'établir formellement ; il fallait montrer que le seul intérêt à considérer était la publicité des annonces judiciaires ; que les annonces n'étaient pas faites pour les journaux, mais pour les justiciables ; que ceux-ci avaient le besoin et le droit de savoir où ils auraient à chercher les insertions prescrites par la loi ; que les journaux n'avaient, au contraire, individuellement aucun droit à recevoir ces insertions, et qu'il n'y avait pas à se préoccuper d'eux en cette matière, mais seulement du meilleur mode à employer pour atteindre le but spécial que l'on se proposait.

Dans cet ordre d'idées, il y aurait eu à discuter ensuite ce mode, et à se demander si les tribunaux en général, les Cours royales en particulier, devaient être investis d'une telle mission, s'il n'était pas à craindre que ce contact forcé avec les intérêts si âpres et si passionnés des journaux n'altérât un peu le prestige d'indépendance et d'impartialité dont la magistrature doit, autant que possible, demeurer entourée. Nous avons plus d'une fois recueilli, de la bouche de M. Martin, l'expression des préoccupations qu'avait éveillées en lui ce côté de la question, le seul, à vrai dire, qui méritât un examen sérieux.

En définitive, si nous comprenons que le gou-

vernement nouveau (1) ait mis un terme à ces controverses en laissant désormais aux parties la fa-
culté d'insérer leurs annonces dans les journaux
qu'elles voudront choisir, nous tenions du moins à
repousser de toutes nos forces les accusations dont
M. Martin a été l'objet, et nous croyons que quiconque examinera les faits avec attention réduira,
comme nous, ces accusations à leur juste valeur.

La loi du 2 juin 1841, en simplifiant les formes
et diminuant les frais de l'expropriation forcée et
des ventes judiciaires de biens immeubles, se liait
naturellement à la révision du régime hypothécaire, ou tout au moins à l'examen des modifications que cette partie de notre législation pouvait
comporter. Aussi, à la même époque, M. Martin
du Nord adressa à la Cour de cassation, aux
Cours royales et aux Facultés de droit, par une
circulaire du 7 mai 1841, l'invitation de délibérer
sur cet important sujet. Cette circulaire exposa
avec une grande netteté et une connaissance approfondie de la matière les difficultés principales
que pouvait soulever la réforme projetée. Plus tard,
les travaux des Facultés et des Cours ont été réunis
et coordonnés par les soins de M. Martin, et pu-

(1) Décret du 8 mars 1848.

bliés, avec une introduction très-remarquable, en trois volumes, qui formeront nécessairement l'un des plus considérables éléments de toute étude ultérieure. Jusqu'au dernier moment, M. Martin a poursuivi avec zèle la tâche qu'il avait entreprise : déjà atteint de la maladie qui l'a emporté, il présidait encore, le 25 décembre 1846, la Commission qu'il avait formée pour se livrer à l'examen préparatoire de cette immense question.

Dans la session de 1842, M. Martin du Nord a saisi la législature de deux projets de loi, qu'il a dû, à son grand regret, ajourner ensuite devant des dissidences provoquées par leur importance même, mais qu'il se réservait de reproduire dès que les circonstances lui paraîtraient favorables. Nous voulons parler des projets sur le noviciat judiciaire et sur les modifications à apporter au Code d'instruction criminelle.

Dès son entrée au ministère de la justice, M. Martin s'était demandé si la carrière judiciaire ne pouvait et ne devait pas, comme d'autres carrières publiques, avoir en quelque sorte son école préparatoire, si des garanties spéciales, appropriées à la nature de l'institution, ne pouvaient et ne devaient pas être exigées des jeunes candidats qui aspiraient au grave honneur d'être admis dans la magistrature. Le 20 février 1841, il adressa à la

Cour de cassation et aux Cours royales , qu'il aimait à consulter, une circulaire par laquelle il appela leurs délibérations sur cette question (1).
L'année suivante, fort de leurs avis presque una-
nimes, fort de l'opinion également favorable du
Conseil d'État, il présenta à la Chambre des pairs,
le 4 avril 1842, un projet de loi ayant pour objet
de créer et d'organiser le noviciat judiciaire. L'exposé des motifs est un travail remarquable et plein
d'intérêt. Après y avoir fait l'historique de l'institution, après avoir montré le noviciat judiciaire
constitué dans la famille avant la Révolution, ré-
tabli auprès des grands corps de magistrature par
l'Empereur, faussé par la Restauration avec ses

(1) Nous nous faisons un plaisir et un devoir de citer ici
quelques passages de cette circulaire :

« La Cour, disait-il, aura d'abord à examiner l'institution
dans son principe, et je ne doute pas qu'elle n'en reconnaisse
la haute utilité. Un noviciat bien organisé doit offrir aux jeunes
gens qui se destinent aux fonctions judiciaires les avantages
d'une éducation spéciale, et les former, par de bons exemples
constamment sous leurs yeux, aux mœurs graves, aux habitudes laborieuses qui conviennent à la magistrature.

« Il n'est pas possible que les corps judiciaires se recrutent
exclusivement dans le barreau. Il existe entre eux de nombreuses
affinités ; mais on pourrait signaler, dans leurs travaux et dans
l'aptitude qu'ils exigent, plus d'une différence. Il est des hommes
qui, avec une grande instruction, une intelligence élevée , une
parfaite moralité, n'ont pas certaines qualités indispensables

juges-auditeurs, succombant en 1830 sous une réaction naturelle, mais ressuscité bientôt, par la force même des choses, au moyen des juges-suppléants, détournés toutefois de leur véritable caractère, le ministre insistait sur cette considération que la ténacité même du principe, sous tant de formes et au milieu de tant de vicissitudes, était une première et puissante preuve de sa nécessité. Il discutait ensuite les objections principales qui pouvaient être prévues, notamment celle de la possibilité du recrutement complet de la magistrature par le barreau, et il terminait en justifiant sommairement le projet de loi dans ses détails.

Ce projet fut accueilli avec faveur par la Chambre des pairs, qui comptait dans son sein les re-

pour réussir au barreau. Serait-il raisonnable de les condamner à passer par une carrière à laquelle ils ne sont pas propres, pour arriver à celle à laquelle ils se destinent ?

« Ces considérations, que je ne fais qu'indiquer, me paraissent ne laisser aucun doute sur l'utilité de l'institution. La Cour reconnaîtra, je l'espère, qu'il importe de placer sous les yeux de la magistrature, et pour ainsi dire à son école, les jeunes gens désireux de s'associer à ses travaux. . . . .

. . . .

« L'opinion publique demande que, pour plusieurs professions, des conditions nouvelles d'idonéité soient imposées. Il est convenable d'exiger aussi des jeunes gens qui se destinent à la magistrature, de plus complètes garanties, etc. »

présentants les plus éminents de la magistrature (1).
Mais certaines répugnances qu'il aurait rencon-
trées à la Chambre des députés, et qui, sans
avoir été dans le cas de se manifester officiel-
lement, ne s'en firent pas moins connaître d'a-
vance, empêchèrent M. Martin de le porter à
cette Chambre. Nous sommes de ceux qui ont vu
avec peine cet ajournement. Nous ne prétendons
pas que le noviciat judiciaire, tel qu'il était sorti
des délibérations de la Chambre des pairs, fût établi sur des bases irréprochables : nous croyons que
des discussions ultérieures auraient perfectionné,
sur des points importants, ce premier essai ; mais,
à notre avis (2), le principe était excellent, et nous

(1) La commission chargée de l'examiner était composée de
MM. de Daunant, Bérenger, Romiguières, Laplagne-Barris,
Franck-Carré, de Murat et Camille Périer. Elle présenta son
rapport le 19 mai. La discussion eut lieu les 24 et 25 mai.

(2) Tel n'est pas, nous le savons, l'avis de M. le ministre de
la justice (M. Marie). Dans son exposé des motifs du projet de
loi sur l'organisation judiciaire, il a émis cette idée, que le
barreau était la meilleure et la seule préparation à la magistrature, et que tout autre noviciat était inadmissible. *Destiner*,
a-t-il dit, *des jeunes gens à l'exercice exclusif des fonctions
judiciaires serait créer une classe en quelque sorte privilégiée,
qui se verrait arriver ainsi, sans aucune étude sérieuse, à une
carrière qui doit rester ouverte pour tous les hommes laborieux et moraux.*

Ce n'est pas ici le lieu de traiter ce sujet. Mais, quelle que

regrettons que M. Martin, qui ne l'avait jamais abandonné, n'ait pas trouvé l'occasion de l'introduire dans nos lois.

Le même sort, par des raisons différentes, a été réservé au projet de loi qui tendait à apporter certaines modifications au Code d'instruction criminelle.

Quoique ce dernier Code ne mérite pas, à beaucoup près, les reproches superficiels qui lui ont été souvent adressés, l'expérience a cependant révélé les inconvénients de quelques-unes de ses

puisse être l'autorité de M. Marie, nous croyons qu'elle ne domine pas celle de l'ancienne Chambre des pairs, du Conseil d'État et des Cours royales. Nous croyons également qu'en cette matière, elle ne l'emporte pas sur celle du collègue de M. Marie au ministère des travaux publics (M. Vivien), qui, ministre de la justice en 1840, avait institué et a présidé une commission dans laquelle cette question fut approfondie, et résolue en faveur du noviciat judiciaire. Si M. Marie avait consulté les procès-verbaux de cette commission, dont faisaient partie MM. le duc de Broglie, Dupin, Rossi, Berville, Laplagne-Barris, etc. (et dont l'auteur de cette notice a eu l'honneur d'être le secrétaire), il eût été moins tranchant peut-être dans son appréciation, et il aurait appris surtout que le noviciat judiciaire, tel qu'il était compris dans cette commission, n'aurait nullement eu pour objet d'ouvrir la carrière de la magistrature à *des jeunes gens qui y seraient arrivés sans aucune étude sérieuse.* La question, selon nous, n'est pas dans le principe, elle est dans le mode d'application.

dispositions. Si conservateur que fût M. Martin du Nord, et précisément parce qu'il était conservateur, il ne professait pas un respect aveugle pour toutes les parties et pour tous les détails de notre législation, et, bien loin de voir un danger d'ébranlement, il voyait un gage de sécurité dans toute amélioration qui avait en vue de pourvoir à un besoin, non pas factice, mais sérieux et bien constaté. Sous l'empire de ces idées, il présenta à la Chambre des députés, le 19 février 1842, un projet de loi qui, entre autres dispositions, avait pour objet : 1° d'assurer, dans l'intérêt de nos relations croissantes de voisinage avec les nations limitrophes, la répression des délits commis en pays étranger par des Français, qui viennent ensuite chercher en France un asile et l'impunité; 2° de donner de nouvelles garanties à la liberté individuelle, en réglant plus nettement, sans affaiblir l'action publique, la délivrance des mandats de dépôt ou d'arrêt, et en facilitant les mises en liberté provisoire sous caution (1); 3° de réprimer les abus de la citation directe, qui permet au premier venu de traîner les plus hono-

_____

(1) Sur ce second point, le projet de loi s'appropriait, en la modifiant notablement, une proposition antérieure de M. Ro ger, député du Loiret.

rables citoyens sur les bancs de la police correctionnelle ; 4° d'étendre aux condamnations cor-
rectionnelles le bénéfice de la réhabilitation, limité
par le Code aux condamnations criminelles proprement dites (1).

Adopté par la Chambre des députés, ce projet
de loi fut rejeté, l'année suivante, par la Chambre
des pairs ; il y donna lieu, toutefois, à une discussion dans laquelle le garde des sceaux, accusé
par ses adversaires d'avoir fait d'imprudentes concessions à un dangereux esprit d'innovation et de
réforme, développa et défendit avec un véritable
talent les sages principes d'ordre et de libéralisme
pratique qui avaient servi de base à ses propositions.

Tout en persistant dans ses convictions à cet
égard, M. Martin, après ce vote, ne pouvait en
poursuivre immédiatement la réalisation ; mais,
plus tard, il soumit ce même projet à l'examen de
la Cour de cassation, des Cours royales et des
Facultés de droit. Leurs réponses l'avaient affermi
dans sa résolution de le reprendre, et la préparation en était même assez avancée pour que les
Chambres pussent en être saisies de nouveau dans

(1) Un décret du gouvernement provisoire, du 18 avril 1848,
a réalisé cette dernière innovation.

la session de 1847 (1), si la maladie et la mort ne fussent venues couper court à ses travaux.

Dans les sessions suivantes, M. Martin a encore attaché son nom à des actes législatifs non moins dignes d'intérêt.

Une loi du 27 juin 1843 a pourvu aux besoins du service de la Cour royale de Paris, en augmentant le personnel de cette Cour, et en permettant ainsi d'accorder un légitime avancement à six conseillers auditeurs, qui, depuis 1830, se recommandaient par d'utiles travaux, presque sans espoir de récompense.

On peut se rappeler qu'en 1841 une jurisprudence nouvelle de la Cour de cassation, se renfermant dans la stricte et littérale interprétation du texte de la loi, avait déclaré nuls les actes notariés auxquels n'avait pas *réellement* assisté le second notaire qui avait concouru à les recevoir. Cette jurisprudence pouvait jeter une immense perturbation dans les intérêts de toutes les classes de la société ; elle pouvait fournir à la mauvaise foi et à la fraude une arme fatale et sûre pour faire tomber la plupart des conventions souscrites devant

(1) Voir la réponse que M. Dumon, chargé de l'intérim du ministère de la justice, a faite, le 10 février 1847, à une interpellation de M. Roger, député du Loiret.

notaires depuis quarante ans. M. Martin s'empressa de parer à ce danger ; ce fut l'objet de la loi du 21 juin 1843, sur la forme des actes notariés.

Cette loi avait été précédée d'une ordonnance importante, du 4 janvier 1843, sur la discipline du notariat. La sagesse des prescriptions de cette ordonnance a été généralement reconnue ; et, si son exécution avait partout rencontré le concours actif dont elle ne pouvait se passer, de déplorables catastrophes auraient été épargnées à la profession dont elle réglait l'exercice (1).

Une autre loi, du 18 juin 1843, mettant un terme à l'arbitraire regrettable qui résultait de l'insuffi-

(1) Le notariat rendait justice à la sollicitude de M. Martin ; aussi, deux mois après la mort de ce ministre, c'est-à-dire à une époque où un souvenir reconnaissant était désormais désintéressé, M. Frémyn, président de la chambre des notaires de Paris, à l'ouverture d'une assemblée générale (3 mai 1847), prononça l'allocution suivante :

« Vous allez, Messieurs, procéder au choix des nouveaux membres de la Chambre. Mais, avant de vous laisser à l'accomplissement de ce devoir, permettez-moi de consigner ici les regrets que nous a fait éprouver la perte de l'homme éminent que la mort a frappé encore plein de jours, et lorsqu'il pouvait, longtemps encore, rendre d'importants services à son pays : c'est vous nommer M. le garde-des-sceaux Martin du Nord. N'oublions jamais que, dans les circonstances graves et difficiles où le notariat était en butte à des attaques passionnées

sance de la législation antérieure, a fixé le tarif des droits à percevoir par les commissaires-priseurs.

La loi du 3 mai 1844, sur la police de la chasse, mérite également une mention spéciale. On n'a pas oublié les difficultés de toute nature qu'a présentées sa discussion, au milieu des idées si divergentes qui se produisaient de toutes parts. Il ne fallait pas une médiocre habitude des débats parlementaires pour se reconnaître dans un tel chaos. L'expérience n'a d'ailleurs pas tardé à constater les bons effets de cette loi.

On sait combien de fois les Chambres, soit sous la Restauration, soit depuis 1830, avaient retenti des réclamations des légionnaires de l'Empire, privés d'une partie de leur traitement de 1814 à

et injustes, mais suffisamment motivées peut-être par de déplorables et récentes catastrophes, M. Martin du Nord a su, avec une sagesse pleine de bienveillance, enlever à des discussions irritantes des questions de réformes réclamées à grands cris, et donner, par l'ordonnance royale du 4 janvier 1843, en préservant le notariat de toute atteinte, une satisfaction suffisante à l'opinion publique alarmée. Enfin, c'est à lui surtout que nous sommes redevables d'un bienfait plus général : je veux parler de la loi du 21 juin 1843, qui est venue mettre un terme à des débats judiciaires où se trouvaient compromis à la fois les intérêts les plus précieux des citoyens, la fortune et la sécurité les notaires. Vous vous associerez à nous, Messieurs, pour donner à M. Martin du Nord ce dernier témoignagne de notre profonde gratitude. »

1820. Dès que la situation du budget de la Légion-d'Honneur a permis de faire droit, dans une juste mesure, à ces réclamations, M. Martin, qui, comme ministre de la justice, était chargé de cette branche d'administration, a saisi avec bonheur l'occasion de donner à ces vieux débris de notre gloire militaire un témoignage de la sympathie nationale : une loi du 21 juin 1845 a disposé, à leur profit, des excédants de recette de ce budget.

Une autre loi, de la même date, a remplacé par une augmentation de traitement fixe les droits et vacations des juges de paix, et, en appliquant ainsi à cette juridiction paternelle et populaire ce grand principe proclamé en 1790 par l'Assemblée Constituante, que *les juges rendraient gratuitement la justice et seraient salariés par l'État*, elle a fait disparaître le dernier élément qui pût jeter, par le soupçon, quelque nuage sur la justice française. Ainsi que l'a dit avec raison l'honorable et savant M. Duvergier, dans sa Collection annuelle des Lois (1845, page 213, notes), « on ne peut méconnaître la sagesse des vues qui ont présidé à cette loi. L'excellente institution des juges de paix recevra de la suppression des vacations un nouveau degré de considération, et, par conséquent, d'utilité. Le respect des justiciables et l'autorité du juge s'accroîtront, lorsqu'il n'y aura plus entre le juge et

les justiciables ces misérables calculs d'intérêt qui
ne peuvent guère se faire, surtout dans les cam-
pagnes, sans causer des soupçons des défiances,
quelquefois même des débats fâcheux. »

N'oublions pas enfin l'importante amélioration
que M. Martin avait apportée au sort des magistrats de tous les degrés, en obtenant des Chambres,
dans le budget de 1847, l'augmentation propor-
tionnelle des traitements judiciaires (1). M. Martin
attachait un légitime intérêt à cette mesure. Obligé
longtemps, par les obstacles financiers qu'elle
rencontrait, d'en ajourner la proposition, il avait
été heureux de profiter des circonstances plus favorables qui lui avaient enfin permis de la réaliser. Toutefois, il s'était fait un devoir de la
renfermer dans des limites qui ne pussent porter
atteinte au caractère de la magistrature française,
dont l'autorité morale tient en partie à la simplicité relative de ses habitudes, et dont l'avenir
devait, selon lui, sauf l'inévitable différence des
temps, se lier aux traditions judiciaires du passé.

Ministre de la justice, M. Martin du Nord était,
en cette qualité, président du Conseil d'État. Vivement et injustement attaquée sous la Restaura-

_____

(1) Loi de finances du 3 juillet 1846.

tion, cette belle institution avait graduellement reconquis depuis 1830, grâce à la publicité qu'avaient reçue ses travaux, l'estime et la con-fiance des Chambres et du pays. Cependant, si son utilité et ses services n'étaient plus méconnus, son organisation soulevait encore des questions qui par-tageaient d'excellents esprits, et qui, tant qu'elles demeuraient livrées à la controverse, laissaient peser sur le Conseil d'État une fâcheuse et regretta-ble instabilité. Pénétrés de ces inconvénients, plu-sieurs des prédécesseurs de M. Martin avaient tenté d'y remédier ; mais toutes les propositions qu'ils avaient soumises aux Chambres étaient res-tées à l'état de projets (1). M. Martin reprit à son tour cette tâche : aidé par les travaux antérieurs, secondé dans la discussion par un de ses collègues, qui, sorti du Conseil d'État, y a laissé les meilleurs souvenirs et les plus légitimes regrets (2), il eut la

(1) Voici la série de ces projets :
11 janvier 1834, projet présenté à la Chambre des pairs ;
10 février 1834, à la Chambre des députés ;
20 février 1835, id. id.
6 janvier 1837, id. id.
5 janvier 1839, à la Chambre des pairs ;
1er février 1840, à la Chambre des députés.
Le premier de ces projets avait été discuté et adopté par la Chambre des pairs. Quelques autres avaient donné lieu à des rapports.
(2) M. Dumon.

satisfaction d'inscrire enfin dans nos Codes, à la date du 19 juillet 1845, une loi sur cette matière (1). Cette loi n'était peut-être pas irréprochable dans tous ses détails ; mais elle n'en avait pas moins l'immense avantage d'assurer au Conseil d'État la sanction et la garantie législative, elle s'affermissait définitivement sur les bases fondamentales que la nature des institutions et une longue expérience s'accordait à consacrer, et elle n'en constituait pas moins pour lui un bienfait dont sa juste reconnaissance envers M. Martin avait su apprécier tout le prix.

Au surplus, M. Martin aimait le Conseil d'État; il en connaissait mieux que personne l'importance et les services. C'était à sa demande et sur ses instances, comme ministre des travaux publics, de l'agriculture et du commerce, qu'avait été créé, en 1838, le comité spécial correspondant à ce département (2). Plus tard, devenu, comme garde-des-sceaux, président du Conseil d'État, il usait avec empressement de sa prérogative, toutes les fois

(1) Elle a été présentée à la Chambre des pairs le 30 janvier 1843, votée par cette Chambre le 7 avril, portée à la Chambre des députés le 26 avril, discutée et adoptée par cette Chambre en février et mars 1845, et votée de nouveau par la Chambre des pairs le 8 mai 1845.

(2) Ordonnance du 5 février 1838.

que d'autres devoirs ne lui en enlevaient pas la possibilité. Sans y être obligé par la loi, il a soumis à l'examen préalable de ce Conseil la plupart des projets de loi d'intérêt général qu'il a été dans le cas de préparer : nous citerons, notamment, les projets sur le noviciat judiciaire, sur la forme des actes notariés, sur la police de la chasse, sur la suppression des vacations des juges de paix, etc. Enfin, entre autres services qu'il a rendus à cette institution, nous aimons à mentionner la fermeté scrupuleuse avec laquelle il a tenu la main à ce qu'aucun des membres du Conseil d'État, participant ou autorisé à participer aux travaux de ce corps, ne s'engageât dans l'administration des chemins de fer ou des entreprises de nature analogue : il pensait en effet que, si légitimes que pussent être de telles spéculations, elles n'étaient pas parfaitement compatibles avec les exigences spéciales de certaines positions, dont la dignité morale doit être, avant tout, préservée de toute altération.

A ces souvenirs, néanmoins, se rattache celui d'une des plus pénibles épreuves que M. Martin du Nord ait subies pendant son ministère. Aux termes de la loi du 19 juillet 1845, les auditeurs, après six ans d'exercice, cessaient de plein droit de faire partie du Conseil d'État. La première application de cette disposition rigoureuse devait frapper, au 1ᵉʳ novembre 1845, treize auditeurs ayant huit ou neuf ans de services, et qui, pour la plupart, avaient des titres incontestables à la bienveillance du gouvernement. Comment leur témoigner cette bienveillance ? Comment leur ménager l'entrée de telle ou telle carrière, dans le court intervalle qui devait s'écouler du 19 juillet au 1ᵉʳ novembre ? Préoccupé de cette situation, cédant trop facilement à un de ces généreux entraînements qui lui étaient propres, M. Martin crut pouvoir donner aux dispositions transitoires de la loi une interprétation indulgente, au moyen de laquelle il conféra à ces treize jeunes gens le titre de maître des requêtes en service extraordinaire. Mais, il faut bien le dire, son cœur avait cette fois égaré sa raison ; aussi, dès l'ouverture de la session suivante, un compte sévère de cette déviation de la loi lui fut demandé par l'opposition dans la Chambre des députés, et la discussion qui s'engagea fut accompagnée de circonstances dont l'impression lui fut particulièrement sensible. Cependant un vote bienveillant de la majorité (1) lui accorda un bill d'indemnité ; il recueillit encore une fois dans cette occasion un nouveau témoignage des sentiments

____

(1) 23 janvier 1846.

d'estime et d'affection personnelle qu'il avait su se concilier, et il le recueillit, ainsi que le lui disait un député de l'opposition en sortant de la séance, *parce que l'intention a sauvé l'acte ; si l'on y avait vu,* ajoutait ce député, *la moindre tache de politique, si l'on n'y avait pas reconnu exclusivement la trace de l'intérêt que lui avaient inspiré des situations qui en étaient réellement dignes, il n'eût pu échapper à un vote de blâme,* et sa retraite en eût été immédiatement la conséquence.

Quelque considérable que fût le fardeau des discussions parlementaires que M. Martin du Nord avait à porter pour le compte de son double département, il trouvait encore le temps de venir en aide à ceux de ses collègues qui avaient parfois à réclamer le secours de sa parole facile et de ses connaissances spéciales. C'est ainsi qu'il s'est mêlé aux discussions auxquelles ont donné lieu les projets de loi sur l'expropriation pour cause d'utilité publique (1), sur le travail des enfants dans les manufactures (2), sur l'application de l'expropriation forcée et du régime hypothécaire aux co-

(1) Loi du 3 mai 1841.

(2) Loi du 22 mars 1841. En outre, comme ministre de la justice, il a adressé aux procureurs-généraux, le 1er mars 1845, une circulaire ayant pour objet de recommander, en ce qui les concernait, l'exécution de cette loi à toute leur sollicitude.

lonies (1), sur les brevets d'invention (2), sur les marques de fabrique (3), etc. On voit que l'ancien ministre du commerce n'avait pas oublié ses antécédents, et qu'il se retrouvait encore chez le garde des sceaux.

(1) Ce projet, discuté à la Chambre des pairs en mars 1842, n'a pas été converti en loi. La même Chambre le discutait de nouveau le 23 février 1848 !

(2) Loi du 5 juillet 1844.

(3) Ce projet, discuté à la Chambre des pairs en avril 1846, n'a pas non plus été converti en loi.

X.

M. Martin du Nord n'était pas seulement ministre de la justice, il était aussi ministre des cultes, et ainsi, suivant l'expression d'un honorable
magistrat (1), il se trouvait chargé de veiller *aux
deux plus grands intérêts de ce monde, la religion
et la justice.* Si, dans le département des affaires
religieuses, il n'eut pas, comme dans l'autre, à
présenter, soutenir, discuter sans cesse des projets de lois (2), à promulguer des ordonnances et
des règlements, il eut à y remplir des devoirs plus
délicats et plus graves encore. Ces devoirs étaient
surtout difficiles vis-à-vis du clergé catholique ; car,
en même temps que des passions et des préjugés
surannés le poursuivaient de leurs défiances et de

(1) M. Leroux de Bretagne, premier président de la Cour
d'appel de Douai.

(2) N'oublions pas cependant la loi du 19 juillet 1845, relative aux travaux de restauration de la cathédrale de Paris.

leur haine aveugle, le zèle inconsidéré de quel-
ques-uns de ses défenseurs réveillait parfois des
sentiments hostiles qu'il eût fallu assoupir et éteindre; le pouvoir civil avait donc, d'une part, à
couvrir d'une efficace et légitime protection le culte
de la majorité, d'autre part, à ménager simultanément les susceptibilités inquiètes d'une opinion
soupçonneuse, et celles du pouvoir ecclésiastique,
sur lequel il n'a lui-même aucune action. Mais
ces difficultés générales ont été accrues, sous le
ministère de M. Martin du Nord, par des causes
particulières, et notamment par les divers incidents
des vives et solennelles discussions auxquelles a
donné lieu la question de la liberté d'enseignement. Placé perpétuellement entre deux feux,
obligé à chaque instant de répondre à des accusations contradictoires, qui se réfutaient souvent
par ces contradictions mêmes, M. Martin a lutté
avec une rare constance contre les écueils de cette
situation. Nous n'oserions pas affirmer qu'il les
a partout surmontés : car, selon nous, dans une
ou deux circonstances, les obstacles qu'il a rencon-
trés, les injustices dont il a eu à souffrir, ont pro-
jeté quelques ombres sur sa parole, et l'ont retenue
en deçà de sa pensée, au fond toujours élevée,
libérale et religieuse. Du reste, sous cette réserve,
que nous n'exprimons pas sans hésitation, nous ne

craignons pas qu'aucun esprit impartial meconnaisse la fermeté de caractère, la droiture d'intention et de cœur dont tous ses actes et tous ses discours en cette matière ont porté l'évidente empreinte.

Dès la première année de son ministère, il eut à se défendre contre une de ces philippiques annuelles de M. Isambert, que M. Martin a spirituellement caractérisées plus tard en les attribuant à une préoccupation continue de l'honorable député. Dans ce discours, M. Isambert avait passé en revue les actes qui, selon lui, décelaient chez le ministre des cultes une déplorable et coupable condescendance envers le clergé ; il lui avait même reproché sa présence à un sermon prêché par le P. Lacordaire, et il avait tellement remué les fibres de ses collègues les plus irritables de la gauche, que l'un d'eux s'était écrié, à propos des biens possédés par les congrégations religieuses : « Vienne la guerre, et nous mettrons la main dessus. » Une longue improbation avait suivi cette exclamation, et M. Martin, en montant à la tribune après M. Isambert, s'exprima ainsi (1) :

« Messieurs, je n'ai pas la prétention de ré-
« pondre aux accusations dirigées contre moi par

____

(1) Séance du 3 mai 1841.

« M. Isambert, de manière à satisfaire tous les
« membres de cette Chambre; je n'ai surtout
« pas la prétention d'obtenir l'assentiment de celui
« qui a osé dire cette incroyable parole, qu'en cas
« de guerre, des biens légalement acquis par des
« communautés religieuses leur seraient enle-
« vés. » (*Très-bien! très-bien!*)

   « On a parlé, ajouta-t-il, des tendances déplo-
« rables du Ministre des cultes ! Je dirai franche-
« ment à la chambre ma pensée sur ces tendances :
« je lui exprimerai, avec une entière sincérité,
« mon sentiment sur la marche à suivre par l'ad-
« ministration, en ce qui concerne les cultes. Il se
« résume tout entier en ces mots : respect pour
« les droits du clergé dans les rapports de l'ad-
« ministration avec ses membres, déférence, bons
« procédés, esprit de conciliation (*Approbation.*),
« mais en même temps fermeté et énergie pour
« l'exécution des lois. (*Très-bien! très-bien!*) Tel
« est mon système, celui que j'ai constamment
« suivi, que je suivrai avec persévérance, tant
« que j'aurai l'honneur d'être placé à la tête de
« l'administration des cultes. »

Venant ensuite à l'un des griefs particuliers de
M. Isambert, et sentant bien que ce grief ne devait
pas être réfuté sérieusement, il s'en expliqua ainsi :

   « Messieurs, l'investigation de l'honorable

« M. Isambert sur ma conduite n'a rien omis; elle
« m'a suivi jusqu'à un sermon auquel j'ai assisté.
« Je ne m'en défends pas, je suis catholique, et il
« m'arrive, autant que je le puis, d'en remplir
« les devoirs. Oui, je l'avoue, je vais à la messe
« et je vais au sermon; si c'est un crime, j'en suis
« coupable. (*On rit. Approbation.*) Il y avait à Paris
« un orateur dont la réputation est grande, que
« chacun désirait entendre, et qui ne devait prêcher
« qu'une fois pendant son séjour à Paris. J'ai eu,
« moi aussi, le désir d'entendre le prédicateur il-
« lustre, et, si j'ai été coupable, je ne l'ai pas été
« seul. M. Isambert sait-il qu'une foule considérable
« remplissait l'église bien longtemps avant que
« l'orateur montât en chaire, que depuis le matin
« des jeunes gens en grand nombre se pressaient
« au pied de cette chaire, avides d'entendre une
« parole ardente de foi, des principes d'une mo-
« rale élevée, et aussi, sans doute, d'étudier un
« modèle d'éloquence? J'y suis donc allé, moi,
« aussi, un peu plus tard que ceux qui avaient plus
« de temps que moi, et l'on a bien voulu me donner
« une place là où il y en avait, au banc d'œuvre.
 « Il est vrai que le prédicateur portait un habit
« de dominicain: c'est là ce qui effraye l'honorable
« M. Isambert. (*On rit.*) Cet habit de dominicain,
« aujourd'hui porté par un ecclésiastique qui habite

« Rome, qui y est allé rejoindre l'ordre dont il
« fait partie, cet habit produit sur l'honorable
« membre un effet tel qu'il croit déjà voir l'inqui-
« sition en France, la ligue, la Saint-Barthélemy,
« que sais-je! (*Hilarité prolongée.*)

« Prenez y garde, Messieurs, c'est le malheu-
« reux ministre des cultes qui est cause de tout
« cela, et qui en sera responsable, parce qu'il est
« allé entendre un prédicateur vêtu d'un habit de
« dominicain. (*Nouveaux rires.*) »

Notre intention n'est pas de suivre M. Martin du
Nord dans les nombreuses discussions de cette nature qu'il a dû soutenir chaque année, soit à la
Chambre des députés, soit à la Chambre des pairs.
Le fond de ces discussions a peu varié. Tandis que
les uns reprochaient au ministre des cultes sa con-
nivence avec les prétendues machinations du clergé
contre nos institutions, les autres lui reprochaient
ses tendances illibérales et oppressives contre la
religion.

Nous nous contenterons de reproduire encore
cet extrait d'un discours qu'il a prononcé à la Chambre des pairs, le 17 avril 1844 :

« Je pourrais, dit-il en terminant ce discours,
« demander à la Chambre si, au lieu d'avoir à
« se plaindre du gouvernement, le clergé, l'épis-

« copat, les vrais amis de la religion, n'auraient
« pas des actions de grâces à lui rendre.

» Vous vous rappelez tous que M. de Chateau-
« briand disait, à une époque peu éloignée de
« 1830 : « Je suis chrétien, mais je ne le suis pas
« par patente de traficant en matière de religion. »
« Alors, en effet, on croyait que, pour obtenir
« certaines faveurs, il fallait affecter certains sen-
« timents. Il n'en est pas ainsi aujourd'hui, et c'est
« là, je ne crains pas de le dire, une des gloires
« du Gouvernement ; c'est d'être arrivé à ce qu'on
« professe des sentiments religieux sans avoir au-
« cun intérêt à les professer ; c'est qu'aujourd'hui
« il y a sincérité dans la pratique du culte et dans
« les manifestations religieuses. Ce progrès, nous
« le devons à d'augustes exemples qui nous sont
« donnés chaque jour ; nous le devons à la piété
« douce, tolérante, conciliatrice, dont nous voyons
« les exemples sous nos yeux, et dont les résultats
« féconds n'ont pas été méconnus par M. de Mon-
« talembert lui-même. En effet, que n'a-t-on pas
« fait pour protéger la religion, pour venir au se-
« cours du clergé ? Quelles sont les demandes lé-
« gitimes formées dans son intérêt, qui aient ja-
« mais été rejetées par le Gouvernement et par
« les Chambres ?

. . . .

« On a parlé des pays qui nous environnent,
« et ici j'invoquerai les exemples qui ont été cités
« par l'honorable orateur lui-même. Oui, il y a
« des pays dans lesquels le spectacle des persé-
« cutions s'est reproduit ; oui, nous avons vu des
« évêques arrêtés, traînés en prison, exilés de
« leurs diocèses. Avez-vous vu rien de semblable
« en France ? Vous pouvez parler de persécutions
« sans crainte ; il n'y a pas grand courage à bra-
« ver ces dangers imaginaires, et qu'on sait fort
« bien ne pas exister. (*Approbation.*) Non, il n'y
« aura pas de persécutions, vous le savez bien ;
« sans doute vous pourrez nuire à la religion et
« au clergé par des menaces, par d'injustes récri-
« minations, par des provocations à la résistance
« aux lois. Si vos opinions pouvaient être parta-
« gées par le clergé, vous feriez un tort immense
« à ces sentiments religieux, au nom desquels vous
« prétendez parler. Heureusement le clergé sera
« assez sage pour reconnaître que ses vrais amis
« sont ceux qui lui disent...... qu'il doit se tenir
« à l'écart de toute participation à nos disputes,
« qu'il doit demeurer étranger aux passions poli-
« tiques, qu'il doit s'appliquer à ne pas faire re-
« naître les inquiétudes d'une autre époque. »

La révolution qui a maintenant passé sur ces
paroles en atteste la vérité. Certes, si le clergé, sauf

quelques exceptions, ne s'était pas tenu, depuis
1830, à l'écart des passions politiques, s'il n'avait
pas donné lieu de croire qu'il se renfermait généralement dans sa sainte mission, on peut douter
qu'il eût trouvé, au milieu des émotions et des
crises de cette révolution, le respect qui l'a entouré et protégé. Nous savons et nous aimons à
constater que sa propre sagesse a grandement contribué à cet heureux résultat; mais une part notable en revient aussi à la sagesse du Gouverne-
meut de Juillet, et le moment serait mal choisi pour
l'oublier.

M. Martin du Nord apportait un soin véritable-
ment religieux à l'exercice d'une des plus importantes et des plus délicates attributions du ministre des cultes : nous voulons parler du choix
des archevêques et évêques. Pendant son ministère, M. Martin du Nord a eu 38 nominations (1)
à proposer au Roi (2). Nous ne craignons pas d'affirmer que toutes ont été inspirées par la préoccu-

(1) Il y a en France 81 diocèses, y compris Alger.

(2) Sur les 80 archevêques et évêques en fonctions au 1er janvier 1847 (un siége était vacant), M. Martin du Nord avait
concouru à nommer :

1° *Archevêques* : MM. Jerphanion, à Albi; Naudo, à Avi-
gnon; Dupont, à Bourges; Giraud, à Cambrai; Blanquart de
Bailleul, à Rouen; Mellon-Jolly, à Sens; Morlot, à Tours ;

2° *Évêques* : MM. de Vésins, à Agen; Pavy, à Alger;

pation exclusive des conditions à la fois si élevées et si diverses qu'exige cette haute mission , et qu'elles ont, en général, répondu de la manière la plus heureuse à la pensée du ministre, ainsi qu'à l'attente et aux vœux des fidèles. Le département du Nord, en particulier, n'oubliera pas qu'il doit à M. Martin l'érection de l'évêché de Cambrai en archevêché (1), et le prélat éminent qui siége à la tête de ce diocèse.

Enfin , tandis qu'il améliorait la situation des magistrats , M. Martin voulait améliorer aussi la situation, non moins intéressante , des desservants. Les embarras financiers que le ministère du 1er mars avait légués à celui du 29 octobre n'avaient pas permis, pendant les premières années de ce dernier ministère, de soumettre aux chambres, pour cet objet, une demande qu'elles auraient infailliblement ajournée. Mais , dans la discussion du bud-

Angebault, à Angers ; Regnier, à Angoulême ; Gignoux, à Beauvais ; Desessarts, à Blois ; Bardou , à Cahors ; Ollivier, à Évreux ; Wicart, à Fréjus ; Depéry, à Gap ; Buissas, à Limoges ; Baillès, à Luçon ; Dupont-Desloges, à Metz ; Doney, à Montauban ; Dufêtre, à Nevers ; Fayet, à Orléans ; Allouvry, à Pamiers ; Darcimoles, au Puy ; de Saint-Marc, à Rennes ; Croisier, à Rodez ; Lemer, à Saint-Brieuc ; Manglard, à Saint-Dié ; Rousselet, à Séez ; Laurence, à Tarbes ; Debelay, à Troyes ; Bertauld, à Tulle ; Rossat, à Verdun ; Gros, à Versailles ; Libert, à Viviers.

(1) Ordonnance du 2 décembre 1841.

get de 1847, les circonstances étant devenues plus favorables, M. Martin avait annoncé (22 mai 1846) qu'il s'occupait d'une combinaison qui, sans trop grever le trésor, apporterait un soulagement notable à la classe si respectable des desservants. Le projet de budget de 1848, préparé par ses soins en décembre 1846, devait en effet contenir une première proposition dans ce sens. Les charges imprévues que les fléaux de l'inondation et d'une récolte insuffisante firent peser sur l'État, forcèrent le successeur de M. Martin à un nouvel ajournement. Dieu veuille que cette dette si légitime puisse être un jour acquittée par le gouvernement actuel!

M. Martin du Nord a été accusé quelquefois d'une prédilection excessive et aveugle en faveur du culte catholique. Hâtons-nous de dire que cette accusation injuste n'a jamais été portée contre lui par les organes des cultes dissidents; ceux ci, au contraire, ont toujours proclamé l'intérêt et l'impartialité bienveillante qu'il leur témoignait.

Nous n'avons pas besoin de multiplier les preuves de cette assertion. Nous nous plaisons cependant, en ce qui concerne les cultes protestants, à recueillir ici quelques passages d'un discours prononcé à la Chambre des députés par M. de Lafarelle, le 20 avril 1844, à l'occasion d'une pétition de consistoires protestants. Après avoir annoncé qu'il parlait au nom de ses collègues de la Chambre qui appartenaient aux communions protestantes, sans distinction d'opinions politiques, il s'exprima ainsi :

« La première partie du mandat que j'ai à rem-
« plir m'est bien agréable et bien facile. J'ai été
« chargé par mes collègues de déclarer que nous ne
« venons point apporter à cette tribune des griefs
« ni des plaintes. Nous venons, au contraire, re-
« connaître que le pays, que les Chambres, que
« le gouvernement en général nous ont, depuis
« longues années, entourés d'une constante bien-
« veillance et d'un esprit d'impartialité incontes-
« table. Nous ne nous bornerons même pas là, et
« je profiterai avec satisfaction de l'autorité que
« cette tribune donne aux paroles qui s'y pronon-
« cent, pour rappeler quelques faits que je suis
« bien aise de faire arriver à nos co-religionnaires
« répandus sur le sol du royaume.

« Messieurs, je dis que les faits généraux, à
« quelques exceptions près, prouvent que, depuis
« longtemps en France, le pays et les pouvoirs pu-
« blics traitent les protestants avec impartialité et
« bienveillance. En voici la preuve sans réplique. »

(Suit l'énumération de mesures relatives à l'ac-
croissement du nombre des pasteurs, des tem-

ples, etc., et parmi ces actes il s'en trouve qui émanent de M. Martin du Nord.)

Quant au culte israélite, il a dû aussi à M. Martin l'amélioration du sort de ses ministres inférieurs. Il lui a dû, de plus, l'ordonnance royale du 25 mai 1844, portant organisation de ce culte, et que les consistoires ont accueillie avec une reconnaissance proportionnée à son importance. Aussi ne pouvons-nous mieux terminer cette partie de notre travail qu'en reproduisant l'extrait suivant d'un article du journal *l'Univers israélite*, publié après la mort de M. Martin :

« M. Martin du Nord était un de ces rares hom-
« mes d'état qui, dans de longs intervalles, vien-
« nent éclairer d'une douce et bienfaisante lumière
« la sombre tristesse de l'histoire d'Israël, et certes
« c'est de lui que nos docteurs ont dit : « Les ver-
« tueux de toutes les nations jouiront de la félicité
« éternelle. » — Animé de la plus généreuse sol-
« licitude pour les intérêts de notre religion, cet
« illustre ministre montrait, dans toutes les cir-
« constances, combien il aimait à protéger l'é-
« galité des cultes, et à se rendre le digne et con-
« sciencieux exécuteur des lois qui assurent à tous
« les citoyens le bienfait de la liberté religieuse.
« Il connaissait avec une admirable intelligence
« tous les besoins de la Synagogue, et l'ordonnance

« organique de 1844, son œuvre, a été de sa part,
« au milieu des éminents et laborieux services qu'il
« rendait à son pays, l'objet de tous ses soins et
« de son attention la plus soutenue..... Il cherchait
« par tous les moyens à adoucir le sort de nos pas-
« teurs, et le projet de budget pour l'année 1848
« restera comme un monument éternel de sa justice
« et de sa tolérante libéralité..... La mémoire de
« M. Martin du Nord ne périra pas dans notre re-
« connaissance, et notre douleur et nos plus fer-
« ventes prières s'élèvent vers le trône du Très-
« Haut pour demander le bonheur immortel d'un
« ministre qui pratiquait sur la terre la justice avec
« tant de religion, et protégeait la religion avec
« tant de justice ! »

XI.

Au milieu de tant de travaux d'intérêt général, les détails de l'administration spéciale de son vaste département (1) n'occupaient pas à un moindre degré l'infatigable activité de M. Martin du Nord. A quelque heure de la journée que ses chefs de service (2) vinssent l'entretenir d'affaires, ils le trouvaient à leur disposition, et ils le trouvaient aussi libre d'esprit et d'intelligence le soir après les fatigues du jour et les émotions des Chambres

(1) Voir la note C à la fin de ce travail.

(2) L'un d'eux, qui partageait les idées de l'opposition de gauche, et qui, dans les élections, exerçait loyalement, mais ouvertement, son droit dans ce sens, a été plus d'une fois, par ce motif, inquiété dans sa position administrative, bien qu'elle ne touchât par aucun côté à la politique; sa ré-vocation a même été provoquée auprès de M. Martin, qui, après l'avoir entendu, a nettement refusé de le frapper. Nous aimons à dire que ce fonctionnaire en a toujours conservé une vive reconnaissance envers M. Martin.

que le matin après le repos de la nuit. L'un d'eux,
qui a vieilli dans les fonctions publiques, disait à
l'auteur de cette notice : « J'ai vu bien des mi-
« nistres, et j'en ai vu qui étaient doués de bien
« éminentes qualités pour le travail ; je n'en ai vu
« aucun qui réunît au même degré que M. Martin
« la promptitude de conception et la patience
« d'attention qu'il est si rare de trouver ensemble ;
« il saisissait les questions avant qu'on eût eu le
« temps de les lui exposer, et cependant il ac-
« cueillait, il provoquait même les observations,
« et, si elles lui paraissaient justes, il s'y rendait
« avec une bonne foi et un amour de la vérité que
« je ne pouvais assez apprécier. »

Qu'il soit permis encore à l'auteur de cette notice de reproduire ici l'extrait suivant d'une lettre
qu'il a écrite peu de jours après la mort de son
bien-aimé patron :

« J'ai passé cinq ans auprès de M. Martin du
« Nord ; la nature de mes fonctions me mettait
« tous les jours, et plusieurs fois par jour, en con-
« tact avec lui ; j'ai eu, par conséquent, l'occasion
« de l'approcher dans des circonstances bien di-
« verses, et au milieu de préoccupations et d'en-
« nuis qui certes auraient pu influer sur sa séré-
« nité habituelle ; eh bien ! il ne m'est pas arrivé
« une seule fois de trouver en défaut cette inalté-

BIBLIOTHÈQUE NATIONALE
R.F.

7

« térable égalité d'humeur et cette inépuisable
« bonté qui répandaient un charme si attachant
« sur nos relations avec lui. »

C'est à cette double cause, son ardeur et son aptitude au travail, d'une part, sa bienveillance naturelle, d'autre part, qu'il faut attribuer le souvenir à la fois juste et reconnaissant que lui ont
conservé, à tous les échelons de la hiérarchie, les
fonctionnaires et employés de son ministère.

Dans le clergé, les membres éminents de l'é-
piscopat qui ont été en rapport avec M. Martin
du Nord n'ont jamais hésité, malgré les dissidences passagères que certaines questions ont
pu soulever, à accorder au ministre des cultes
l'estime la plus sympathique et la plus sincère
confiance.

Quant à la magistrature, nous avons dit quel-
ques-uns des titres du ministre de la justice au
souvenir qu'elle lui avait également voué. En
même temps qu'il avait achevé d'épurer et d'élever
le caractère de la justice française par la suppression des vacations des juges de paix, il avait amé-
lioré la situation matérielle et maintenu en toute
circonstance l'autorité et la dignité morale des
magistrats de tous les degrés. Dans les rangs élevés
de l'ordre judiciaire, il est peu d'hommes qui,
pendant les six années de son administration,

n'aient eu l'occasion de l'aborder; il n'en est aucun qui, tout en emportant l'impression fidèle de
son urbanité pleine d'une séduction irrésistible,
n'ait reconnu qu'il ne portait pas simplement à la
magistrature l'intérêt officiel qu'elle avait le droit
d'attendre de lui, mais qu'il la considérait et l'aimait comme une grande famille dont il était le
chef.

XII.

Après avoir, dans cette imparfaite esquisse de la carrière politique et administrative de M. Martin du Nord, essayé de montrer en lui l'homme public, nous sera-t-il donné de peindre les qualités de l'homme privé? Que ne pouvons-nous, au lieu de tracer nous-même ce tableau, qui sera nécessairement bien au-dessous de la vérité, que ne pouvons-nous faire entendre tous ceux qui ont connu de près cet homme excellent, tous ceux que sa bienveillance a pénétrés de gratitude, tous ceux que, sans distinction de positions sociales et d'opinions, il a comblés de témoignages d'intérêt ou d'affection? Ce serait un magnifique éloge funèbre que ce concert des cœurs reconnaissants, dût-on même laisser à part le nombre toujours fort grand de ceux qui ont le malheur d'oublier le bienfait aussitôt après l'avoir reçu. Son nom était devenu tellement populaire dans son pays natal, que sa mort y fut considérée comme une calamité, et c'est peut-être dans les rangs les plus humbles que l'on entendit l'expression des regrets les plus touchants. Un habitant d'Arleux, à qui M. Martin du Nord avait témoigné quelque intérêt, eut à peine appris le triste évènement, qu'il courut chez le curé du lieu, et, dans sa pieuse gratitude, demanda pour le lendemain une messe des morts, à laquelle il assista avec toute sa famille, et à laquelle assistèrent aussi un grand nombre de personnes de la même commune. (1)

Par une sorte de fatalité attachée à l'élévation de la fortune, il arrive souvent que les hommes portés à de hautes positions méconnaissent ou font semblant de méconnaître ceux qui les ont vus dans

(1) Le 19 mars 1847, le lendemain des obsèques de M. Martin, un magistrat, qui l'aimait comme il méritait d'être aimé, écrivait à l'auteur de cette notice :

« Mon cher Monsieur, je vous écris en revenant du cimetière du Père La Chaise. Nous croyions être les premiers à jeter une couronne sur la tombe de notre ami, de ce digne chef que je n'oublierai jamais de bénir. Il y en avait déjà une ; un billet y était attaché. Après quelque hésitation sur la convenance qu'il y avait à le lire, nous avons pensé qu'il ne pouvait y avoir de secret dans un écrit exposé à tous les passants. Il commençait par ces mots : *A vous, homme bon et généreux, à vous,*

une situation plus modeste. Cette faiblesse de l'humanité est si commune qu'on ne peut s'empêcher l'admirer et d'aimer les âmes d'élite qui savent la surmonter. M. Martin du Nord fut une de ces âmes d'élite. On comprend que de nos jours, où tout le monde a quelque chose à demander, où le nombre des solliciteurs surpasse si prodigieusement le nombre des faveurs à accorder, un homme qui a quelque crédit, un ministre surtout, doit être perpétuellement assiégé, obsédé de demandes toujours pressantes, souvent importunes, quelquefois ridicules, ou peu dignes d'intérêt. Eh bien ! devant ce déluge de pétitionnaires, de solliciteurs aux formes plus ou moins polies, M. Martin conserva imperturbablement, avec la fermeté et l'égalité d'âme nécessaires dans un poste si élevé, cet esprit d'aménité, de bienveillance, qui ajoute tant de prix

dans votre dernier séjour, où l'envie ne vous atteint plus, où tout le monde vous rendra justice. Ce billet était signé d'une veuve C...., de Lille. Elle parlait ensuite du bien que le garde-des-sceaux voulait faire à son fils, et elle ajoutait : *Cela n'a pas dépendu de vous, ma reconnaissance est la même, vous m'aviez permis de m'adresser à vous:* Nous avons soigneusement rattaché le billet dans le cercle de la couronne ; nous avons jeté la nôtre à côté de celle-là ; puis nous sommes montés à la chapelle, d'où nous sommes revenus après une courte station. Tristes détails, mais qui auront, je le sais, de l'intérêt pour vous, etc. »

au service rendu, et qui, au besoin, sait adoucir, parfois même charmer le refus. Et, comme si cette foule d'assiégeants n'avait pas suffi encore à l'activité de son cœur, on le voyait souvent s'enquérir si quelque ancien ami, quelque connaissance d'une autre époque ne l'avait pas oublié, ou ne craignait pas de l'aborder dans la région réputée inaccessible où il se trouvait.

Un jour, il s'acheminait à pied de la place Vendôme à la Chambre des députés; arrivé sur le pont de la Concorde, il aperçoit un ancien condisciple qu'il avait perdu de vue depuis longtemps. M. Martin aborde le passant et lui demande s'il ne le reconnaît pas. Celui-ci se confond en excuses respectueuses, et avoue que le haut rang du ministre l'a toujours retenu, et qu'il n'a jamais osé le troubler dans ses graves occupations. Eh! ne savez-vous donc pas, répliqua le ministre, que c'est là ce que j'aime à oublier quelquefois? Venez donc m'y aider.

En 1837, M. Martin du Nord, alors ministre de l'agriculture et du commerce, se trouvait à Lille. La société royale d'agriculture de cette ville, comme les autres corps constitués, se présenta à l'audience du ministre. Celui qui la présidait eut à peine le temps de prononcer quelques mots; le ministre l'interrompit, en disant : « Messieurs,

« permettez qu'avant tout j'embrasse dans la per-
« sonne de votre président l'un de mes anciens et
« bons amis, à qui, du reste, j'ai bien des re-
« proches à faire. » Puis, dans les termes les plus
aimables, il exprima ces reproches obligeants à
l'ancien ami, qui croyait n'avoir été que discret
et réservé.

Ceux qui ont vécu dans son intimité savent
quels regrets il éprouva en apprenant la mort
d'un avocat du barreau de Douai, plusieurs fois
bâtonnier de l'Ordre, à qui il avait offert d'honorables fonctions, sans pouvoir les lui faire accepter. Il lui était cruel de penser qu'on attribuerait
peut-être à une oublieuse indifférence l'impossibilité réelle dans laquelle il s'était trouvé d'améliorer
la position, devenue difficile, d'un homme qui
avait été son condisciple et son confrère. Aussi
a-t-il ressenti, dans les amertumes de la maladie
qui l'a enlevé, une douce consolation, en reportant sur la famille l'intérêt qu'il avait voué à son
chef, et en obtenant du ministre chargé de l'*interim* du ministère de la justice, trois semaines avant
de mourir, la réalisation d'un des derniers vœux
qu'il ait pu exprimer, c'est-à-dire l'entrée du gen-
dre de cet ancien avocat dans la magistrature.

Nous pourrions rapporter une quantité de traits
semblables; mais, pour leur conserver leur attrait,

il faudrait surmonter certains inconvénients inhé-
rents à la citation des noms propres, et, dans la tâche fort douce que nous remplissons, nous avons
à cœur de ne pas rencontrer d'écueils.

Aux innombrables lettres particulières qui lui
étaient adressées, il se faisait un devoir de répondre avec une scrupuleuse exactitude, et presque
toujours il le faisait de sa main. On a peine à comprendre comment, après avoir consacré une grande
partie de la journée aux affaires de l'Etat, il trouvait encore des moments pour cette minutieuse
correspondance, ou plutôt on conçoit qu'il n'a pu
y suffire qu'en sacrifiant son repos et en abrégeant
ses jours.

Dans ses entretiens épistolaires avec ses amis,
il laissait échapper parfois l'impression des ennuis que lui imposait ce joug superbe auquel il
était attaché. Il écrivait à l'un d'eux : « La mo-
« destie de vos goûts vous a retenu dans une car-
« rière où vous avez trouvé estime et affection
« de tous, en même temps que satisfaction pour
« vous..... Tout cela vaut mieux, mon cher ami,
« que les succès que vous auriez pu obtenir dans
« toute autre carrière, si vous les aviez recher-
« chés. Quant à moi, que les circonstances ont
« appelé à une position à laquelle je n'aspirais
« certainement pas, je me rends la justice de

« croire que je fais autant de bien que je puis ;
« mais je rencontre bien des ennuis et bien des
« entraves ; aussi, le jour où je devrai renoncer au
« pouvoir, je le quitterai sans regrets (1). Peut-
« être alors me sera-t-il possible de me livrer à
« quelques études que j'ai dû abandonner depuis
« longtemps ; peut-être verrai-je plus souvent mes
« bons amis, et je trouverai dans cette position
« nouvelle des dédommagements précieux. »

Deux qualités le caractérisaient au plus haut
point : la simplicité constante des goûts, des

---

(1) M. Martin aimait à rappeler et il aurait certes pu s'approprier la noble réponse que M. de Martignac, ministre de l'intérieur, fit en 1828 à un député qui l'avait accusé de tenir au
pouvoir par des motifs peu dignes d'une âme élevée. Après avoir
dit qu'il appréciait sans doute à leur juste valeur le témoignage
de confiance qu'il avait reçu du Roi et la bienveillance dont les
Chambres l'avaient jusqu'alors entouré, M. de Martignac ajouta
(*Moniteur du 3 juin* 1828) :

« Mais je vous le déclare avec une sincérité qu'aucun évène-
« ment ne démentira, ces biens eux-mêmes ne peuvent compenser
« à mes yeux les tourments de toute espèce qui s'attachent à ces
« tristes honneurs. Se sentir dévoré du désir de servir utilement
« son Roi et son pays, consacrer à l'accomplissement de ce désir
« pieux tout ce qu'on a reçu de force et de vie, et voir sans cesse
« ses intentions méconnues ou dénaturées, ses paroles travesties,
« sa sincérité soupçonnée, sa responsabilité inquiète et alarmée,
« il faut du courage et du dévouement pour supporter un pareil
« *bonheur*, et ce n'est pas en vérité pour le conserver que l'on
« descend à la bassesse. » (*Profonde impression*).

habitudes, et l'amour du pays natal, qui se personnifiait pour lui dans les habitants du Nord, et surtout dans les Douaisiens, dont il aimait tant à s'entourer. L'étudiant, l'avocat, le député, l'avocat-général à la Cour de cassation, le procureur-général à la Cour royale de Paris, le ministre du commerce et des travaux publics, comme le ministre de la justice et des cultes, furent constamment le même homme, l'homme d'esprit et de cœur, l'ami dévoué, le compatriote aimable, affectueux, obligeant; et, par une heureuse coïncidence, ce doux phénomène de bonté et d'aménité se reproduisait complétement dans la digne compagne de sa vie. Aussi jamais intérieur, peut-être, ne se montra plus attrayant que celui-là à l'hôtel de la Chancellerie.

Depuis la mort du maréchal Mortier, il était président de la Société du Nord, réunion formée à Paris des hommes qui, nés dans ce département, étaient parvenus dans la capitale à d'honorables positions. Il chérissait d'un amour particulier cette belle et utile institution, où il retrouvait un heureux abrégé du pays natal : *Parvam Trojam, simulataque magnis Pergama.*

Ces belles qualités de l'âme, cette affabilité de tous les moments, cette obligeance que rien ne fatiguait, lui donnaient, par le droit le plus légi—

time, une autorité, un ascendant dont la portée n'a été complétement comprise qu'après sa mort (1).

Il était, nous l'avons dit déjà, l'un des liens du Conseil. Le Roi le savait, et le savait trop sans doute : car, sans cette considération, il n'eût pas demandé à M. Martin, comme un service personnel, de ne pas prendre sa retraite politique à la mort de M. le baron Zangiacomi (2), pour succéder à la présidence de chambre à la Cour de cassation que ce magistrat laissait vacante, et nous n'adresserions peut-être pas aujourd'hui nos regrets à une tombe.

Cette tombe s'est ouverte pour M. Martin dans la maturité de l'âge, lorsque l'avenir semblait encore lui offrir une longue perspective de bonheur. Il usait, il consumait ses forces, oubliant qu'il n'est point d'organisation tellement robuste qu'elle ne doive succomber, avant le temps, à des travaux constamment pénibles, à des émotions toujours graves et multipliées. Aussi, lorsque le *Moniteur* du 16 janvier 1847 annonça que M. Dumon, ministre des travaux publics, était chargé de l'*interim* du ministère de la justice et des cultes, pendant l'absence qu'allait faire le garde-des-sceaux, *qui avait besoin de quelque repos pour sa santé*, l'in-

____

(1) Voir la note D à la fin de ce travail.
(2) 12 janvier 1846.

quiétude la plus vive frappa immédiatement ses compatriotes et ses amis, soit qu'ils connussent déjà, soit qu'ils ignorassent encore le caractère et la gravité de la maladie dont il venait d'être atteint. Cette inquiétude ne fut pas dissipée par l'article, si juste d'ailleurs dans ses appréciations, que le *Journal des Débats* publia le 16 janvier, et que le *Moniteur* s'appropria le lendemain. Cet article était ainsi conçu :

« Le Roi vient d'accorder au garde-des-sceaux un congé pour se remettre de ses fatigues ; le ministre des travaux publics, M. Dumon, est chargé de *l'interim* du ministère de la justice et des cultes.

« Depuis quinze ans, le garde-des-sceaux, qui a rempli presque sans interruption les fonctions les plus laborieuses et les plus importantes dans l'État, soit comme procureur-général à la Cour royale de Paris et devant la Cour des pairs, soit comme ministre des travaux publics, soit enfin comme ministre de la justice et des cultes, n'a jamais cru devoir demander un congé. Il est resté au poste que le Roi lui avait marqué, suffisant à tout par son activité, par son dévouement, par l'énergie de son caractère. Les affaires de son vaste département n'ont jamais été en souffrance, et, pendant les sessions, on l'a vu encore, à la tribune des deux Chambres, soutenir avec talent le poids des plus graves discussions.

« Il n'est pas étonnant qu'un peu de repos lui soit aujourd'hui nécessaire ; mais cet intervalle de repos sera court. Nous croyons pouvoir assurer que le garde-des-sceaux reprendra prochainement la direction de son ministère. »

Hélas ! cet espoir ne devait pas se réaliser ; la mort avait marqué de son sceau fatal la victime qu'elle avait choisie. Ici nous nous permettrons de reproduire purement et simplement une lettre déjà publiée par M. Leglay dans le travail qui sert de base au nôtre ; elle contient, sur la maladie et les derniers moments de M. Martin du Nord, des détails que nous ne croyons pas devoir abréger. (1)

« Vous savez, Monsieur, quelle était la constitution de M. Martin ; vous savez que, si forte qu'elle fût, elle aurait cependant exigé un genre de vie tout différent de celui qu'il menait, c'est-à-dire, une activité physique et un exercice corporel qui tempérassent l'influence du travail incessant de l'intelligence. Témoin journalier de sa vie pen-

____

(1) On s'apercevra facilement que cette lettre, écrite par l'auteur de cette notice, n'était pas destinée à être imprimée. Nous ne lui faisons subir néanmoins d'autre correction que de remplacer un nom par une désignation générale.

dant ces cinq dernières années, je n'ai pas un
instant cessé de me joindre, pour ma faible part,
aux personnes de sa famille et à ses amis qui lui
prodiguaient d'inquiets conseils dans ce sens.
Quelquefois il reconnaissait la justesse de ces aver-
tissements ; mais l'infatigable ardeur de son esprit, les exigences dévorantes du mouvement des
affaires ne se prêtaient pas au changement qu'il
aurait dû apporter à des habitudes désormais in-
vétérées. La campagne même n'était pas pour lui
un lieu de repos, mais un lieu de travail plus
tranquille et plus complet. Deux fois, en 1843 et
1845, j'ai eu l'honneur de l'accompagner au château d'Eu ; je l'ai vu se refusant à toute distraction,
à toute promenade, hors le cas d'absolue nécessité,
et passant les journées à recevoir le travail du
ministère, à le revoir, à écrire lui-même un grand
nombre de lettres et de notes, non-seulement pendant la journée, mais même le soir après le dîner.
Telle était aussi son existence chez M. Paturle, au
château de Lormois, où il faisait ordinairement
un séjour d'un mois pendant les vacances : il ne
quittait son appartement qu'au moment du déjeû-
ner, et il s'y renfermait de nouveau jusqu'au
dîner ; trois fois par jour il se faisait envoyer de
Paris sa correspondance et le travail du ministère ;
trois fois par jour il renvoyait ce travail avec des

ñotes et des lettres, dont le nombre et la nature révélaient une immense et vraiment effrayante application.

« Cette vie, de laquelle M. Bommart a si justement dit : « *que M. Martin pouvait en rendre compte minute par minute à la face du soleil* (1), » usait lentement, mais fatalement, sa puissante organisation. Dans le courant de 1846, divers symptômes commencèrent à indiquer chez lui une certaine fatigue. Souvent, quand il rentrait dans son cabinet vers quatre ou cinq heures du soir, quand il se réinstallait dans son fauteuil, il se laissait aller à un sommeil lourd qu'il ne pouvait vaincre, et quelquefois il lui arrivait alors d'exprimer de sinistres pressentiments (2). Pour combattre ces fâcheuses dispositions, il prit le parti de remplacer notre travail habituel du soir avant son dîner, par une promenade dans le jardin du ministère, pendant laquelle, tout en marchant, je lui lisais la correspondance du jour et les pièces dont il avait à prendre connaissance. C'était une salutaire habitude, sans doute; mais, hélas! il

(1) Discours prononcé aux obsèques de M. le garde-des-sceaux, le 18 mars 1847.

(2) C'est ainsi qu'un jour, dans cet été de 1846, il dit à une personne de sa connaissance, *qu'il lui semblait parfois avoir une calotte de plomb sur la tête.*

n'était plus temps de la prendre, et d'ailleurs elle était, à elle seule, insuffisante pour guérir le mal qui lui en avait fait sentir la nécessité.

« A mon retour des vacances, à son retour de Lormois, vers la fin d'octobre 1846, je fus plus heureux que jamais de me retrouver avec mon cher et si excellent patron. Deux mois auparavant j'avais été nommé, par lui et grâce à lui, maître des requêtes en service ordinaire ; j'avais atteint ce but élevé et difficile de huit ans de travaux ; une belle et honorable carrière m'était assurée (1). Quoique ces fonctions nouvelles ne fussent pas régulièrement compatibles avec celles de chef du cabinet d'un ministre, quoique je n'eusse plus désormais le titre ni le traitement de celles-ci, je n'en avais été que plus heureux d'offrir à M. Martin du Nord de continuer mes services auprès de lui, tant qu'ils pourraient lui être utiles ; je les lui avais offerts avec d'autant plus d'effusion, qu'ils étaient et devaient être plus complétement désintéressés à l'avenir, et que j'allais devenir l'ami, le compa-gnon, le collaborateur de son fils, qu'il faisait entrer en même temps dans son cabinet, pour l'i-nitier de bonne heure aux affaires. J'ai passé là, Monsieur, un temps dont le souvenir me sera tou-

_____

(1) Sauf les révolutions, sans lesquelles j'avais compté (1848).

jours cher : pardonnez-moi ce retour sur moi-même dans cette lettre, où je devrais peut-être m'effacer entièrement; mais il me semble qu'en m'abandonnant ainsi à ces épanchements de l'affection toute filiale que M. Martin du Nord m'avait inspirée, c'est lui-même et non pas moi, c'est son cœur et non le mien, que je vous donne à juger.

« Le dimanche 20 décembre 1846, une réunion nombreuse se pressait le soir dans les salons de la Chancellerie. Parmi les personnes qui vinrent le voir ce jour-là, se trouva un magistrat, qui avait été frappé, l'année précédente, d'une forte attaque de paralysie, et qui, encore paralysé d'un côté, arriva soutenu par un de ses collègues. Sa vue produisit sur M. Martin une impression profonde, que rien cependant ne révéla dans cette soirée. Mais, dans la nuit, M. Martin, poursuivi par cette image, crut être paralysé lui-même au même degré, et se réveilla en sursaut dans la plus grande agitation. Le lendemain, après dîner, pendant qu'il faisait sa partie de whist, il s'adressa à l'une des personnes qui étaient autour de lui, et lui dit : *Eh bien ! avez-vous vu M... hier? Oui,* répondit son interlocuteur, *et j'ai été bien aise de le voir ; je le trouve mieux que je ne m'y attendais. — Ah! vous n'êtes pas difficile! Au surplus, c'est ainsi que je finirai ; je serai paralysé comme lui, et peut-*

être avant qu'il soit peu. Je ne vous garantis pas littéralement les paroles ; je vous en garantis le sens exact : j'étais présent à cette conversation, comme j'avais été présent à la visite de la veille. Vous pensez bien que cette sortie ne fut pas prise au sérieux : on la tourna en plaisanterie, et personne n'y pensait plus cinq minutes après.

« Le mercredi 23 décembre, j'entrai dans son cabinet plusieurs fois le matin, ainsi que j'en avais l'habitude. J'y entrai, notamment, vers dix heures, au moment où il allait partir pour le Conseil d'État, qu'il devait présider. *Je ne sais pas,* me dit-il, *ce que j'ai dans ce bras* (le bras droit) ; *j'ai de la peine à le remuer ; je crois que mon habit me gêne.* Cependant nous nous rendîmes au Conseil d'État, qu'il présida pendant toute la séance, jusqu'à trois heures. A son retour, j'eus à lui demander, comme tous les jours, quelques signatures ; il m'en donna une ou deux, avec une difficulté visible pour la première fois, et, jetant tout à coup la plume, il me dit : *Vous le voyez, je ne puis plus signer.* M. Desclozeaux, secrétaire-général du ministère de la justice, était présent en ce moment. Il fallut bien reconnaître l'évidence. M. le docteur Blache fut immédiatement appelé ; il prescrivit une application de sangsues, qui eut lieu le soir même, et, en quittant M. le garde-des-sceaux, il exprima immédiatement à un ami , qui me les a répétées depuis, les craintes les plus sérieuses sur la gravité de la maladie qui se déclarait.

« Le 24 décembre, dans la matinée, M. Martin reçut un magistrat (1), arrivé la veille à Paris, et qui avait à l'entretenir d'affaires urgentes. En sortant du cabinet du garde-des-sceaux , ce magistrat me rendit compte de ses inquiétudes, et me dit que M. Martin venait de lui exprimer les plus sombres prévisions.

« Le même jour, il voulut encore écrire lui-même une lettre à M. le comte Portalis, premier président de la Cour de cassation, à qui il avait à annoncer une nouvelle qui intéressait ce magistrat. Il eut beaucoup de peine à tracer quelques lignes, et il termina brusquement sa lettre (que j'ai vue), en priant M. Portalis de l'excuser, attendu qu'il était souffrant. C'est la dernière qu'il ait écrite. Depuis lors il s'est borné , jusqu'à son départ pour la Belgique, à donner les signatures indispensables pour le service, et ces signatures devinrent de jour en jour plus mauvaises.

« Le 29 décembre, il partit avec sa femme et son fils pour Tours, où il alla consulter un célè-

____

(1) M. Piou, alors procureur-général à Lyon , aujourd'hui premier président de la cour d'appel de Toulouse.

bre médecin, qui lui inspirait à juste titre une grande confiance. Je m'étais rendu à la Chancellerie à sept heures et demie du matin pour le voir avant son départ : je l'ai trouvé sombre, taciturne, comme il l'était souvent depuis le 23 décembre, et j'ai été profondément affecté de la tristesse silencieuse avec laquelle il nous fit ses adieux ; il semblait vraiment embrasser ses deux filles comme s'il les avait embrassées pour la dernière fois.

« Cependant ce voyage lui fit du bien ; il revint assez gai, le lendemain 30 décembre ; il présenta le Conseil d'État au Roi le 31 décembre, selon l'usage, et assista le 11 janvier à la séance royale d'ouverture des Chambres. La première quinzaine de janvier se passa sans amener d'incident ou de changement notable. Un instant il fut question d'un voyage en Italie ; mais son aversion profonde pour les voyages, pour la vie de grandes routes et d'auberges, ne lui permit pas de s'y décider, et il prit le parti d'aller tout simplement chercher au château d'Ingelmunster, chez M. le comte de Montblanc, en Belgique, le repos momentané auquel il se résignait trop tard. Si en effet le repos, si les soins de l'amitié la plus affectueuse, la plus délicate et la plus dévouée, avaient pu le guérir, nulle part il n'aurait trouvé à un plus haut degré ces diverses et inappréciables conditions de succès.

« Pendant quelque temps la maladie sembla s'arrêter ; mais elle ne tarda pas à reprendre sa marche inexorable, et M. Martin revint à Paris pour se rapprocher des secours de la science. Il était parti de cette ville le 16 janvier ; il y rentra le 16 février. Une inspiration, que je bénis le ciel de m'avoir envoyée, m'avait fait partir moi-même le 13 février pour aller le voir, et j'étais arrivé auprès de lui le 14 au matin. Sa résolution de rentrer à Paris venait d'être prise, et j'ai eu l'honneur, la consolation surtout, de faire avec lui ce voyage, dans le même compartiment de la voiture qui l'a ramené de Courtrai à Paris par le chemin de fer. En le revoyant le 14, je l'avais déjà trouvé changé ; cependant j'avais eu encore avec lui une assez longue conversation sur les discussions des Chambres, sur diverses affaires de son ministère, etc. Mais du jour au lendemain le mal fit des progrès sensibles, et son abattement physique et moral devint tel dans la journée du 15, que nous nous demandâmes souvent, avec la plus vive anxiété, s'il pourrait supporter le voyage du 16. Dans la soirée, il exprima le désir de voir M. l'abbé Sénac, aumônier du collége Rollin à Paris, qui était venu passer le congé des jours gras chez M. le comte de Montblanc. Sa conversation avec cet ecclésiastique, homme distingué, plein de tact et de cœur,

le ranima, le remonta et lui rendit le calme et la
force morale que la cruelle amertume de sa situation devait si fortement ébranler. La journée du 16
se passa donc mieux que nous n'avions osé l'espérer. Déjà il avait la plus grande peine à se mou-
voir, et il fallut le porter, soit dans la voiture qui
le conduisit du château d'Ingelmunster à Courtrai,
soit dans celle du chemin de fer; mais enfin il ne
parut pas trop fatigué de ce long trajet de Courtrai
à Paris.

« En traversant Douai, de douloureuses et trop
naturelles émotions vinrent l'assaillir; il sentait
qu'il revoyait pour la dernière fois sa ville natale;
les larmes lui vinrent aux yeux, et il dit : *Voilà la
seconde fois depuis un an que je passe dans ma ville
natale; mais dans quel état! Bientôt je ne pourrai
plus lui être utile.*

« Le 17 février, il reçut quelques visites qui ne
lui furent pas trop pénibles. Il se leva pour le dîner; il se mit à table avec nous, et il passa une
heure ou deux dans son salon. Bien qu'il causât
fort peu, cependant il se mêlait de temps en temps
à la conversation, et je le laissai dans de bonnes
et tranquilles dispositions. Mais, le lendemain 18,
sa langue commença à s'embarrasser : rien n'avait
semblé annoncer la veille ce nouveau progrès du
mal, et cependant M. le docteur Cloquet l'avait

prédit; triste privilége de la science, qui assiste ainsi à sa propre impuissance, et trop souvent est réduite à faire l'histoire anticipée de la destruction graduelle de notre organisation, sans pouvoir la combattre.

« Ce même jour, 18 février, il prit encore place à table; mais il y garda le plus morne silence, et, immédiatement après, il rentra dans sa chambre à coucher.

« Le 19, il ne renouvela même pas l'essai de la veille. Sa langue s'embarrassait de plus en plus. Dans la journée, il fit appeler M. Desclozeaux, et lui exprima difficilement quelques vœux que son inépuisable bonté lui suggérait pour reconnaître les services des personnes vis-à-vis desquelles il craignait de ne s'être pas suffisamment acquitté jusque-là. Quelques instants après, il me fit appeler aussi, pour m'entretenir d'un autre objet analogue, sur lequel j'étais plus particulièrement renseigné. Vous comprendrez, Monsieur, tout l'effort que je fus obligé de faire sur moi-même pour ne pas trahir l'émotion que me faisait éprouver l'état dans lequel il était réduit; je savais ce qu'il voulait me dire, et je lui épargnai autant que possible la peine de me faire des questions ou de me répondre autrement que par monosyllabes ou par signes.

« C'est le lendemain 20 qu'il est parti pour le château de Lormois. Avant son départ, il voulut faire ses adieux à ses collaborateurs, MM. Desclozeaux, Dessauret, directeur de l'administration des cultes, et MM. les directeurs des diverses branches du ministère de la justice et des cultes. Je n'essaierai pas, Monsieur, de vous rendre ce qu'il y eut de déchirant dans ces scènes successives : j'ai vu la plupart de ces messieurs, au moment où ils sortaient de la chambre à coucher; j'ai vu leurs traits bouleversés, leur émotion, leurs larmes, et là encore j'ai vu quelle affection cet homme, si excellent et si bon, avait inspirée à tous ceux qui avaient eu le bonheur de l'approcher et de le connaître intimement. Quelques instants après, ce fut mon tour; et, si je ne l'ai pas vu alors pour la dernière fois, ce fut pourtant la dernière fois que je l'ai vu avec la certitude d'être reconnu par lui : il ne pouvait déjà plus parler, mais je n'oublierai jamais la pression affectueuse de sa main, l'ineffable bonté de son regard et de ce signe par lequel il me rappela une seconde fois pour serrer encore ma main, et m'engager, ainsi que je le lui demandais, à aller le voir souvent à Lormois. Je me suis en effet procuré, toutes les fois que d'impérieux devoirs ne me retenaient pas à Paris, cette triste et suprême satisfaction ; je l'ai revu, mais il ne m'a pas revu lui-même ; et lorsque, après sa mort, il a été ramené à Paris pour y recevoir les derniers honneurs, j'ai été, j'ai voulu être le dernier à contempler dans son cercueil, avant et après l'embaumement, les traits déjà bien altérés de l'homme dont la bienveillance paternelle a été si inépuisable pour moi.

« Je ne vous dirai rien de ses funérailles ; vous avez à ce sujet dans les journaux tous les détails que vous pouvez désirer.

« J'ose espérer, Monsieur, que, malgré ma prolixité, vous trouverez quelque intérêt dans ce triste récit. A tout évènement, vous m'excuserez en vous pénétrant du sentiment auquel je me suis laissé aller. J'aimais M. Martin du Nord, sinon plus profondément, au moins aussi profondément qu'il ait été aimé par qui que ce soit. Personne n'a voué à sa mémoire un culte plus intime, personne n'a gardé et ne gardera de lui un souvenir plus fidèle. J'ai donc cédé au penchant qui m'entraînait dans cette circonstance, et il m'a été bien doux de m'entretenir avec vous de l'homme dont vous vous proposez d'honorer la mémoire...

« Paris le 3 mai 1847. »

M. Martin est mort le 12 mars 1847, au château de Lormois, chez M. Paturle, l'un de ses plus anciens et meilleurs amis. La religion, objet constant de son respect et de sa confiance, lui apporta ses consolations et le fortifia de ses espérances au milieu des épreuves de l'heure suprême. Les soins et l'amour de sa famille l'ont entouré jusqu'au dernier moment, et, quelle que soit notre crainte d'éveiller ici la plus délicate susceptibilité en soulevant le voile qui doit couvrir des scènes si intimes, nous ne pouvons nous empêcher de rendre un profond et légitime hommage à l'admirable dévouement dont la compagne de sa vie a multiplié les preuves dans ces cruels instants : ceuxlà seuls qui en ont été témoins savent, sans pouvoir le dire comme ils le savent, quelles ressources de tendresse, de courage, d'abnégation, d'empire sur ses propres angoisses, qu'il fallait à tout prix dérober à l'œil scrutateur du malade, elle a déployées auprès du lit de douleur de l'homme dont elle était fière, et qu'elle a vu lentement mourir.

Le *Moniteur* du 13 mars 1847, en annonçant la mort de M. Martin, a consacré à sa mémoire l'article suivant, qui a été reproduit par d'autres journaux :

« Le Roi perd en M. Martin du Nord un loyal et
« fidèle serviteur ; le parti conservateur, un de ses
« chefs les plus dévoués ; le pays, un homme de

« bien. M. Martin du Nord laisse un souvenir ho-
« noré à divers titres, soit dans le barreau de sa
« ville natale, soit au parquet de Paris, où il
« remplit successivement les fonctions d'avocat
« général près la Cour de cassation et de procureur
« général près la Cour royale, soit enfin dans la
« Chambre des députés, où il siégeait depuis
« 1830, et dont il était l'un des membres les plus
« éminents.

« Dans ses travaux judiciaires, comme dans sa
« carrière politique, il s'était acquis de bonne
« heure et il conserva toujours l'estime de tous par
« cette fermeté de principes et cette énergie de
« conviction, qui ne furent jamais séparées chez
« lui d'une grande modération de caractère et
« d'une bienveillance à laquelle nul ne recourut
« jamais en vain.

« Plein d'une bonté inaltérable dans les relations
« privées, M. Martin du Nord obéissait avant tout,
« dans la vie publique, aux inspirations du cou-
« rage et du devoir ; c'est à cela, non moins qu'à
« ses rares talents et à l'étendue et à la solidité de
« ses connaissances, qu'il a dû une situation en-
« tourée de tant de sympathies dans les divers mi-
« nistères auxquels il fut appelé par la haute con-
« fiance du Roi.

« Ces sentiments lui survivront, non-seulement

« dans sa famille et dans le cœur de ses amis,
« mais dans le pays tout entier ; ils s'attacheront
« à sa mémoire et adouciront les regrets qu'inspire
« la perte d'un homme si distingué à tous égards,
« et dont la carrière a été si dignement et si labo-
« rieusement remplie. »

Le même jour, M. le président Sauzet a fait connaître à la Chambre des députés, dans des termes
aussi justes que vivement sentis, la perte qu'elle
venait de faire. Après avoir lu la lettre qui lui
transmettait cette nouvelle, il a ajouté (*Moniteur
du 13 mars*) :

« C'est au milieu de l'exercice de ses hautes
« fonctions publiques, si fécondes en travaux et
« en épreuves, que vient de s'éteindre la vie d'un
« collègue éminent, que le Roi appela deux fois
« dans ses conseils, et que vous avez tant de fois
« honoré par les dignités parlementaires. Personne
« ne peut se défendre d'une douloureuse émotion,
« en le voyant, dans la force de l'âge, arraché à
« l'éclat du pouvoir, à l'affection de ses nombreux
« amis, et à toutes les douceurs de la famille,
« qu'il était si digne de goûter. Et je ne doute pas
« que les regrets de la Chambre ne s'unissent aux
« miens pour l'honneur de sa mémoire et la con-
« solation de ses enfants. (*Marques prolongées
« d'assentiment et de regrets.*) »

M. Martin est mort grand-croix de l'ordre de la Légion-d'Honneur et commandeur de l'ordre de Léopold de Belgique. A ces distinctions, on pourrait en joindre une autre, qu'il a du reste ignorée ; quelques jours avant sa mort, le Roi, réalisant une offre antérieure, à laquelle M. Martin avait opposé un refus respectueux, lui avait décerné le titre de comte, qu'il a porté, pour la première et la dernière fois, dans son acte de décès.

Ses obsèques ont été célébrées le 18 mars 1847, avec la solennité qui devait être déployée pour rendre les derniers honneurs à un ministre du Roi, mort dans l'exercice de ses fonctions. Deux discours ont été prononcés sur sa tombe, l'un par M. Barthe, vice-président de la Chambre des pairs, premier président de la Cour des comptes, ancien collègue de M. Martin du Nord, dont il était constamment demeuré l'ami ; l'autre par M. Bommart, collègue de M. Martin dans la députation de l'arrondissement de Douai. Voici ces deux discours, que nous nous faisons un devoir et que nous nous félicitons de reproduire.

Discours de M. Barthe.

« Au moment où la tombe va couvrir ces dépouilles mortelles, le sentiment douloureux de la perte qui nous a frappés se réveille plus vivement, et l'on éprouve le besoin de dire un dernier adieu à celui qu'on ne doit plus revoir; mais, dans le recueillement que commande un cercueil, au milieu de ces pompes qui ne semblent réunies que pour mieux faire sentir le néant de la vie, quelques mots exempts d'exagération ont seuls le droit de se faire entendre.

« La mort d'un homme d'état éclairé par une longue expérience, et dont la carrière semblait promettre un long avenir, est une grande perte pour le pays : c'est ce que veulent dire la solennité des funérailles de M. Martin du Nord, et l'empressement de tous ceux qui ont gardé la mémoire des services rendus.

« Doué par la Providence d'une intelligence supérieure et de cette puissance de travail qui sait la féconder, il était arrivé aux plus hautes fonctions de l'État, après s'être distingué successivement dans les situations diverses qu'il avait dû traverser.

« A Douai, dans le barreau de sa ville natale, longtemps il occupa avec éclat la première place, et le choix libre de ses confrères l'éleva plusieurs fois au rang de bâtonnier de son ordre.

« En 1830, il est élu député du département du Nord ; il prend bientôt dans la Chambre une situation considérable, et le choix de ses collègues lui

confère à plusieurs reprises les honneurs de la vice-
présidence.

« Plus tard, celui que ses confrères, que les corps
électoraux, que ses collègues de la Chambre des
députés avaient honoré par leurs suffrages, le gouvernement du Roi, à son tour, le choisit pour l'at-
tacher au parquet de la plus haute magistrature
du royaume. Cet honneur, il ne le demandait pas,
je peux vous le dire, et nul ne s'en montra plus
digne. Ne voyez-vous pas dans ce concours de suffrages divers, accordés à celui qui n'a d'autre appui
que son mérite, d'autre nom que celui qu'il s'est
fait, le témoignage manifeste d'un mérite éminent
et d'une existence hautement considérée?

« Laissant des souvenirs profonds dans l'estime
de la Cour suprême, l'avocat-général près la Cour
de cassation devint plus tard procureur-général
près la Cour royale de Paris. Vous savez ce que les
fonctions du ministère public, exercées surtout dans
la ville où siége le gouvernement, exigent de fermeté et de prudence, de haute intelligence et de
dévouement, dans les magistrats à qui elles sont
confiées. Ces qualités étaient d'autant plus nécessaires que les temps étaient plus difficiles. M.
Martin du Nord justifia la confiance du Roi. La
Chambre des pairs, comme la Cour royale de Paris,
a conservé le souvenir du procureur-général qui

d éfendit, avec autant de fermeté que d'éloquence,
les principes sociaux, attaqués alors et ébranlés
par la violence des factions.

« Ainsi, chaque situation était une nouvelle
épreuve ; cette épreuve lui était favorable et l'indiquait pour un poste plus élevé. M. Martin du
Nord entra d'abord dans les conseils du Roi comme
ministre des travaux publics, et plus tard il y a
siégé pendant six ans comme ministre de la jus -
tice et des cultes.

« Ah ! messieurs, quelle grande part il a prise à
l'œuvre de notre époque ! Que de travaux, que de
services rendus à la chose publique, à la cause
de l'ordre et des lois ! Et cependant il ne paraissait
qu'au milieu de sa carrière, lorsque tout à coup,
quand son intelligence se montrait si active, dans
la plénitude de ses facultés, tout entier livré aux
labeurs imposés par la responsabilité d'une grande
administration, le principe de la vie s'est vu arrêter par les atteintes d'un mal inexorable. On
espéra d'abord que l'absence et l'éloignement des
affaires pourraient rétablir une santé qui avait
péri par le travail. Mais, à son retour à Paris,
l'espérance n'était plus permise, et lorsque, avant
de partir pour les lieux où il devait rendre le
dernier soupir, il voulut revoir ses collaborateurs
et quelques amis, dans les émotions de cette sé-

paration douloureuse il se trouvait, de part et d’autre, la pensée d’un deriner adieu. Le travail, c’était sa vie ; il avait trop tardé à s’accorder quelque repos ; il ne devait plus se reposer que dans la tombe.

« Nous tous qui l’avons connu dans les situations diverses de son existence, avocat, député, magistrat, ministre, nous savons tous qu’il était digne, par le cœur autant que par le talent, du haut rang qu’il a occupé, comme il est digne de la reconnaissance publique par les services qu’il a rendus. Son infatigable activité laissera de nombreuses traces de sa présence aux affaires. La magistrature, le Conseil d’État, les intérêts religieux du pays, qui se concilient avec les franchises de l’État, lui doivent un long souvenir !

« L’homme public comparaît devant ses contemporains, avec ses actes et leurs résultats. Les commentaires d’une voix amie seraient superflus, et tout appel aux pensées de la politique serait ici déplacé ; mais ce qu’il est permis de dire, et ce qui est honorable aux yeux de tous, c’est qu’il était fidèle à ses convictions, fidèle à sa cause.

« Au milieu des luttes incessantes dans lesquelles il se trouve nécessairement engagé, souvent aux prises avec les passions, avec les exigences désordonnées qu’il irrite en leur résis-

tant, l'homme public est souvent condamné à
voir troubler, par d'amères compensations, les sa-
tisfactions qu'il trouve dans les succès du talent
et dans le triomphe des intérêts qu'il défend.
N'avons-nous pas déploré plus d'une fois cette mo-
bilité d'opinion qui outrage un jour ce qu'elle
exaltait la veille, et qui voudrait renverser en un
instant ces édifices peu nombreux de réputation et
d'honneur, qui sont la richesse morale des états
et le prix des plus nobles efforts ?

« Malgré cette destinée commune à tous les hommes publics, on peut dire que M. Martin du Nord
semblait fait pour désarmer les préventions. Tous
ceux qui l'avaient approché s'empressaient de
rendre hommage à la bonté de son cœur, à la
bienveillance de son caractère : chez lui le sentiment des égards se conciliait avec la fermeté des
résolutions, et l'aménité de ses manières dimi-
nuait les difficultés des affaires et en facilitait la
solution. Un tel homme ne méritait pas d'avoir
un ennemi.

« Mais pourquoi parlerais-je plus longtemps devant vous? Vous l'avez connu comme moi ; comme
moi vous l'avez aimé et estimé. En présence de
ce cercueil, dans cette atmosphère de vérité et de
religion, honorons la mémoire de celui qui con-
sacra sa vie au service de ses semblables. Espé-

rons pour lui en la Providence; croyons aussi en la justice des hommes : devant une tombe, les esprits s'élèvent et se purifient, les cœurs généreux se rencontrent, et l'homme de bien reste honoré par le pays qu'il a servi, et pour lequel on peut dire qu'il a péri en le servant. »

Discours de M. Bommart.

« Au milieu d'une telle affluence de personnages éminents, représentant autour de cette tombe les grands corps de l'État et les classes les plus élevées de la société; au milieu de si nombreux amis accourus de toutes parts pour rendre un dernier hommage à l'homme profondément regrettable que la mort vient de nous enlever, ce ne serait point à moi, l'un des plus obscurs et des derniers venus, qu'appartiendrait le droit, qu'incomberait le devoir d'ajouter quelques mots aux éloquentes paroles que vous venez d'entendre, si l'honneur d'avoir partagé avec l'illustre défunt la mission de représenter un même arrondissement à la Chambre ne m'avait naturellement constitué l'organe des regrets du pays qui nous a vus naître tous deux.

« Une voix qui a plus d'autorité que la mienne vient de retracer à grands traits la vie publique

de M. Martin du Nord, député, procureur-général, ministre du commerce et des travaux publics, ministre de la justice et des cultes. Ma tâche
est plus modeste, mais elle ne tend pas moins à
honorer une mémoire digne de tous les respects :
je me bornerai à dire, en peu de mots, ce que,
dès ses premiers pas dans la vie, M. Martin fut
pour sa ville natale ; ce que depuis il n'a jamais
cessé d'être pour elle ; ce qu'il a été pour tous
ceux qui l'approchèrent et furent en position d'apprécier les nobles qualités de son intelligence et
de son cœur.

« Né en 1790, d'une famille honorable, mais
placée dans une modeste condition de fortune,
M. Martin fut de bonne heure dirigé vers les études du droit. Après de brillants succès obtenus
à Paris, il fut reçu avocat à 21 ans et revint s'établir à Douai. Les Codes, qui sont une des gloires
de notre patrie, venaient d'être tout récemment
promulgués ; l'esprit actif et pénétrant du jeune
avocat sut en sonder rapidement les profondeurs,
et quelques années s'étaient à peine écoulées qu'il
se trouva à la tête d'un barreau qui, à toute
époque, a compté dans ses rangs beaucoup d'hommes d'un remarquable mérite. Il avait toutes les
qualités aimables qui font accepter sans murmurer
la supériorité ; il devint bâtonnier de l'ordre et ne

perdit définitivement la dignité que lui avaient décernée l'estime et l'affection de ses confrères, que quand il accepta de hautes fonctions publiques, qui ne lui permettaient plus de la conserver.

« Dès avant cette époque, M. Martin avait déjà révélé cette nature bienveillante, affectueuse, ce besoin de venir en aide à l'infortune, qui ne tardèrent point à former les traits les plus saillants de son caractère, quand il se trouva sur un théâtre plus élevé. Les hospices et les établissements de bienfaisance de la ville de Douai réclamaient des améliorations importantes ; il rechercha les fonctions d'administrateur de ces institutions de charité, et s'appliqua avec tant d'ardeur et de succès à en perfectionner le régime, qu'elles sont devenues depuis lors comparables à tout ce qu'il y a de mieux en ce genre. C'est là sans doute une de ses œuvres les moins éclatantes ; mais elle n'a fait que des cœurs reconnaissants, et peut-être s'en est-il souvenu plus d'une fois avec joie, en songeant que bien des malheureux l'avaient béni.

« Parvenu au faîte de la puissance et des honneurs, M. Martin sut rester le même homme ; il avait l'âme assez généreusement trempée pour regarder sans éblouissement au dessous de lui, des hauteurs où, par ses propres forces, il s'était élevé. Tous ceux qui l'avaient connu à des épo-

ques antérieures de sa vie ne remarquèrent en lui
d'autre changement qu'un désir plus vif en même
temps qu'un pouvoir plus grand de leur rendre
service. Mais ses amis et ses compatriotes n'avaient
point seuls à se louer de l'aménité de ses formes,
de la bienveillance de son caractère; quiconque
était digne de son intérêt était accueilli par lui
avec bonté. Il gardait en sa mémoire le souvenir
des droits et des vœux de tous, et, au milieu des
préoccupations les plus sérieuses, des travaux les
plus actifs, il n'oubliait aucune des circonstances
qui pouvaient ajouter à la grâce du bienfait; faire
un heureux était pour lui un bonheur personnel.

« On aurait peine à comprendre comment il
pouvait à la fois suffire aux immenses travaux de
son ministère et aux soins si multipliés que volon-
tairement il s'imposait, si l'on ne savait que pour
lui les jours avaient plus de durée que pour la
généralité des hommes. Ses collaborateurs peuvent
dire avec quelle facilité et quelle ardeur il travail-
lait, et ses journées étaient de dix-huit-heures!
Pendant ce temps si considérable, il ne quittait
son cabinet que pour assister aux grands conseils
de l'État, ou pour prendre momentanément quelque
repos près de sa femme, qu'il chérissait, près de
sa jeune famille, dont il était fier à juste titre, au
milieu de quelques amis qui, à toute heure,

avaient la liberté de parvenir jusqu'à lui. Nul peut-être ne fut jamais plus économe de son temps : il était du petit nombre des hommes qui peuvent, minute par minute, rendre compte de leur vie à la face du soleil.

« Ce travail acharné, sans relâche, a épuisé chez lui les sources de l'existence et hâté l'invasion de la maladie terrible qui a terminé sa vie.

« La mort d'un homme de bien, doué de tous les dons de l'intelligence, de toutes les qualités du cœur, de toutes les vertus de la famille, est toujours un évènement douloureux ; mais le coup qui amène un si grand nombre d'hommes considérables dans cet asile de la mort a une portée plus haute. Ministre intègre, éclairé, actif, ferme et conciliant à la fois, M. Martin du Nord semblait destiné à rendre, pendant de longues années encore, d'importants services à l'État ; ce ne sont pas seulement sa famille, ses amis, la contrée où il a pris naissance, qui doivent le pleurer ; sa perte est un malheur pour le pays tout entier. »

Le *Moniteur* du 19 mars a terminé de la manière suivante le compte qu'il a rendu de cette triste cérémonie :

« Disons le bien haut, à l'éloge de l'homme « excellent qui vient d'être enlevé au Roi, au

« pays, à sa famille et à ses nombreux amis;
« M. Martin avait eu ce rare privilége de se conci-
« lier les affections les plus vives, les sentiments
« les plus dévoués et les plus chaleureux de la
« part de toutes les personnes qui avaient le bon-
« heur de l'approcher et de le connaître inti-
« mement. Ces affections, ces sentiments, ont sur-
« vécu au ministre, déjà perdu depuis quelque
« temps pour la vie publique avant que la tombe
« s'ouvrît pour recevoir sa dépouille mortelle ;
« ils ont adouci l'amertume de ses derniers mo-
« ments ; un jour ils adouciront la douleur et
« feront le légitime orgueil de sa veuve, de ses
« enfants ; ils contribueront enfin à honorer la
« mémoire justement aimée et respectée qu'il
« laisse en quittant cette terre. »

Le jour même de la mort de M. Martin, M. le
secrétaire-général du ministère de la justice et
M. le directeur de l'administration des cultes en
ont fait part, l'un à MM. les premiers présidents
et procureurs-généraux, l'autre à MM. les archevêques et évêques. La collection des réponses qui ont
été faites à cette communication a passé sous nos
yeux : toutes respiraient la sympathie la plus vive et
la plus vraie ; qu'eût servi la flatterie, d'ailleurs, à
cette date ? Nous avons reçu l'autorisation de faire

un choix parmi ces réponses ; nous nous restrein-
drons cependant à quelques citations.

Voici d'abord la lettre d'un premier président :

« Monsieur le secrétaire-général, en revenant
ici pour visiter la compagnie que j'ai l'honneur de
présider, et dont j'étais séparé depuis l'ouverture
de la session, je trouve la lettre par laquelle vous
annonciez au premier président de la Cour royale
de..... la perte douloureuse qu'a éprouvée la magistrature française dans la personne de M. Martin
du Nord. Déjà, pendant mon séjour à Paris, je
m'étais empressé d'écrire directement au fils et à
la famille du chef qui nous était cher à tant de titres, pour leur faire connaître combien m'avait été
sensible le coup qui les a frappés. Mais ce témoignage de respect, de reconnaissance et d'attachement de ma part n'a satisfait qu'à une partie de
mes obligations. Je dois à votre lettre, tant au nom
du premier président de la Cour royale de... qu'au
nom de cette compagnie tout entière, une réponse
qui soit l'expression de nos communs et profonds
regrets. Croyez que nulle part on n'a mieux senti
tout ce qu'il y a eu de bon, d'utile et d'honorable
dans la vie de M. Martin du Nord, soit comme
homme d'État, soit comme homme privé. Tous
ceux d'entre nous qui ont eu le bonheur de l'appro-

cher aiment à se rappeler l'accueil plein de bienveillance et de bonté qu'ils recevaient de lui, et
personne ici ne perdra le souvenir de son zèle à
protéger les intérêts et la dignité de la magistrature. Pour moi, qu'il avait honoré personnellement d'une si large part dans ses affections et dans
ses bienfaits, je sens, plus qu'aucun autre encore, le
besoin de redire quelles furent ses hautes qualités,
et d'épancher mon cœur dans ce juste et dernier
hommage rendu à sa mémoire. — Agréez, etc. »

Voici maintenant la lettre d'un procureur-général :

« Monsieur le secrétaire général, votre lettre du
12 de ce mois m'a pénétré de douleur. Je n'osais
me promettre, il est vrai, que notre chef nous serait rendu, que nous recevrions encore sa direction si bienveillante, si sage et si ferme. L'activité
de l'intelligence et le dévouement au devoir ne s'é-
lèvent pas impunément au-dessus des forces que
Dieu mesure même aux hommes d'élite. M. Martin
du Nord était averti par une redoutable épreuve
que les natures privilégiées n'échappent pas plus
que les natures vulgaires à cette loi de l'humanité;
sa santé, si inopinément atteinte, lui commandait
donc le repos. Mais j'espérais qu'il serait conservé

à l'amour de sa famille et de la magistrature tout entière, qui était aussi sa famille. En le voyant se séparer de nous, nous aurions pu du moins entourer sa retraite des témoignages de notre sympathie et de notre reconnaissance ; pour lui comme pour nous, c'eût été une consolation. Il faut aujourd'hui que nous adressions nos hommages et nos regrets à une tombe.

« Qu'il me soit permis de déposer sur cette tombe l'expression de ma propre douleur. Il ne peut me suffire, vous le savez, de m'associer au deuil général ; je dois à la mémoire de M. Martin du Nord un tribut particulier. Ne serais-je pas trop ingrat si son nom n'était pour moi l'objet d'une sorte de culte, et si je ne gardais avec une pieuse fidélité le souvenir de ses bontés ? J'accomplissais modestement mon œuvre d'avocat-général à la Cour de....., ne demandant rien, n'attendant rien ; sa bienveillance vint spontanément à moi (1) ; il exagéra peut-être le mérite de mes services, et il rétribua mes efforts au-delà de mes plus orgueilleuses espérances. Ma carrière publique ne pouvait m'apporter un plus beau titre d'honneur. Comment pourrais-je l'oublier ? — Veuillez agréer, etc. »

(1) Ce détail est parfaitement exact, nous pouvons l'attester.

Voici enfin trois lettres, l'une d'un archevêque, les autres de deux évêques :

PREMIÈRE LETTRE.

« Monsieur le directeur, j'ai reçu avec une vive sensibilité la triste nouvelle que vous avez eu l'attention de me transmettre par votre lettre du 12 de ce mois. Je sais l'étendue de la perte que fait le Roi, que nous faisons nous-mêmes dans cette déplorable circonstance. J'ai aussi personnellement plus d'un motif de regretter l'homme de bien, le ministre toujours bienveillant, et ne cessant de donner, particulièrement aux évêques, les preuves les plus touchantes de sa sollicitude. A tous les titres, ma douleur et mes regrets se confondent avec ceux de la famille si respectable et si excellente que ce grand malheur accable, des nombreux amis de M. Martin, de tous les gens de bien qui savaient l'apprécier, et de mes vénérables collègues, qui partagent les sentiments que je viens d'exprimer. »

DEUXIÈME LETTRE.

« Monsieur, si douloureuse que soit la nouvelle de la mort de notre digne ministre, je vous remercie de me l'avoir donnée. Vous savez la tendre et respectueuse affection que je lui avais vouée, et les marques signalées d'amitié que j'en avais reçues. C'est une perte irréparable pour l'Église de France; il est bien rare de rencontrer cet ensemble de qualités, plus solides encore que brillantes, qui attirent la confiance et savent la conserver. »

TROISIÈME LETTRE.

« Monsieur le directeur, je savais votre tendre affection et votre dévouement pour l'homme éminent que nous avons perdu; j'ai compris toute l'étendue de votre douleur, et je vous assure que la mienne est aussi bien sincère et bien profonde. Je désire en offrir l'hommage à madame Martin : seriez-vous assez bon pour lui faire passer la lettre que je joins à celle-ci? C'est un faible témoignage du regret que j'éprouve de la mort de notre ministre, si bon, si bienveillant et si dévoué. Il est mort martyr de son courage : Dieu lui a épargné de savoir jusqu'où allait la haine de quelques hommes, et aussi la réparation tardive qu'ils étaient obligés de faire à sa mémoire (1). J'offre pour lui le saint sacrifice tous les jours de cette semaine, quoique j'aie la ferme confiance qu'il a déjà été admis à la cour du Roi des Rois. »

(1) Voir ci-après, page 150.

Le 1ᵉʳ mai suivant, M. Hébert, garde-des-sceaux, présentant au Roi le Conseil d'État, commença ainsi son discours : « Sire, pendant plusieurs années, une voix que vous aimiez à entendre fut auprès de Votre Majesté l'organe fidèle des sentiments du Conseil d'État. Puissent ces sentiments...... ne rien perdre aujourd'hui de leur expression accoutumée, et, lorsqu'ils trouvent un nouvel interprète, puissent ne point s'en augmenter encore de trop légitimes regrets ! »

Les membres du Conseil d'État qui ont entendu la réponse du Roi s'accordent à dire qu'elle fut prononcée avec une émotion véritable. « Il m'est sans doute bien pénible, dit le Roi, de ne plus voir à la tête du Conseil d'État celui qui m'a si longtemps porté la parole en son nom, et qui possédait tant de titres à ma confiance. Il y a aujourd'hui quatre mois que j'entendais encore sa voix, et j'étais bien loin de m'attendre que c'était pour la dernière fois ; mais, après avoir rendu à sa mémoire ce juste hommage, je ne puis que me féliciter de l'avoir si dignement remplacé, etc. »

Le jour même des funérailles de M. Martin à Paris, la Cour royale de Douai, que tant de liens unissaient à l'illustre défunt, avait fait célébrer à son intention un service funèbre, et la ville tout entière, par un mouvement spontané, s'était associée à ce pieux tribut de regrets, rendu à l'un de ses plus dignes enfants.

Plus tard, dans une solennité qui avait pour objet l'installation de M. Preux en qualité de procureur-général (15 juin 1847), M. le premier président de la même Cour, obéissant surtout aux inspirations de son cœur, se constitua, avec un rare bonheur, l'organe des sentiments et des souvenirs de sa compagnie.

« Je serais, dit-il, un interprète bien infidèle des sentimens qui vous animent, si je ne profitais pas de la première solennité qui nous rassemble pour payer un juste tribut d'éloges et de regrets à l'illustre concitoyen qu'une mort prématurée nous a ravi. Cette cité, qui s'honore de lui avoir donné le jour, cette enceinte, qui a retenti si souvent des accents de sa voix, ce barreau, dont il a été le plus bel ornement, protesteraient contre mon silence et me le reprocheraient comme une ingratitude.

« Après avoir exercé pendant vingt ans au milieu de nous la profession d'avocat avec une rare distinction, et avoir été plusieurs fois honoré du titre de bâtonnier de son ordre, après avoir rendu d'importants services au tribunal de première instance comme juge suppléant, au conseil municipal, dans nos administrations charitables, M. Martin reçut, en 1830, le mandat qu'il n'a perdu qu'avec la vie, de nous représenter à la Chambre élective.

« Il ne tarda pas à se distinguer entre les élus de la France par la grâce et l'urbanité de ses manières, l'élévation et la sagacité de son esprit, l'élégante facilité de sa parole, l'étendue et la variété de ses connaissances, la fermeté de ses principes et la modération de son caractère.

« Il prit une large part à tous les travaux de la Chambre, et ses collègues, en l'appelant à diverses reprises à la vice-présidence, lui donnèrent un témoignage éclatant de leur estime et de leur confiance.

« En 1833, il entra, comme avocat-général, à la Cour de cassation; il remplit cette tâche de manière à mériter la haute approbation de la compagnie.

« Mais un plus grand théâtre l'attendait. La direction du parquet de la Cour royale de Paris lui fut confiée en 1834. Ce poste, toujours difficile, l'était surtout à cette époque: car nous étions loin encore de la sécurité dont nous jouissons aujourd'hui. Les principes sur lesquels la société repose étaient violemment attaqués. Le procureur-général les défendit devant la Chambre des pairs, constituée en cour de justice, comme devant la Cour royale de Paris, avec autant de courage que de talent; trop heureux de pouvoir, dès que les circonstances le permirent, conseiller l'indulgence et s'associer à un grand acte de la clémence royale. Il fut, dans l'exercice de ses fonctions, si prudent et si ferme; si bienveillant et si juste, qu'il se concilia tous les suffrages.

« En 1836, le Roi l'appela dans ses conseils comme ministre des travaux publics, de l'agriculture et du commerce. Il parcourut avec succès le nouveau champ qui était ouvert à son intelligence et à son activité. Sous son administration, nos premières lignes de chemins de fer furent concédées, des lacunes dans nos routes royales furent comblées, la navigation de nos principales rivières fut perfectionnée, plusieurs de nos ports furent améliorés, des mesures furent adoptées pour l'assèchement et l'exploitation des mines. C'est sur sa proposition que furent votées les lois relatives aux poids et mesures et aux vices redhibitoires, et, s'il ne présenta pas aux Chambres les lois sur les justices de paix, sur les tribunaux de première instance et sur les faillites, ces matières lui étaient trop familières pour qu'il n'apportât pas dans leur examen le tribut de ses lumières et le poids de son autorité.

« Tombé, en 1839, des hautes régions du pouvoir, il y avait laissé trop de souvenirs pour ne pas y rentrer. Il y reparut, en 1840, avec le portefeuille de la justice et des cultes.

« C'est dans ce département, qui veille aux deux plus grands intérêts de ce monde, la religion et la justice, que brilla, dans tout son éclat, cet esprit de sagesse et de conciliation qui prévient ou qui aplanit les difficultés.

« C'est là que, défendant tour à tour les droits de l'État et ceux de l'Église, il fut souvent appelé à poser la limite que ni l'un ni l'autre ne peuvent franchir sans amener de regrettables conflits.

« C'est là que, portant ses regards sur les diverses parties de la législation qui avaient besoin d'être améliorées, il proposa les lois sur la saisie immobilière, sur la saisie des rentes, sur les ventes judiciaires de biens immeubles, sur les ventes aux enchères de marchandises neuves, sur la responsabilité des propriétaires de navires, sur la forme des actes notariés, sur la police de la chasse.

« C'est là que, dans sa sollicitude pour tous les corps dont il était le chef, ou qui étaient placés sous sa surveillance, il introduisit d'utiles modifications dans la discipline du notariat, et fit adopter la loi sur le Conseil d'État, celle qui remplace par un traitement fixe les droits et vacations qui étaient alloués aux juges de paix, et celle qui assure à la magistrature une position plus indépendante.

« Il préparait encore d'importantes améliorations, notamment dans notre régime hypothécaire et dans l'instruction des affaires criminelles, quand, succombant aux fatigues d'un travail sans mesure et sans relâche, il tomba tout à coup au milieu de sa carrière et périt victime de son zèle.

« Je n'ai parlé que des qualités de son esprit; que n'aurais-je pas à dire des qualités de son cœur! Qui fut plus bienveillant, plus affectueux que lui! Qui se montra plus dévoué pour ses amis, plus généreux pour ses adversaires, plus disposé à rendre service, plus empressé à soulager toutes les infortunes, plus modeste dans la prospérité, plus simple au milieu des grandeurs! C'est au sein de sa famille, auprès de sa digne compagne et de ses enfants dont il était tendrement aimé, dans l'intimité d'un petit cercle d'amis, qu'il se délassait du fardeau des affaires publiques, et qu'il aimait à reporter sa pensée vers son berceau : car, et ce trait achève de le peindre, il avait pour sa ville natale l'amour d'un fils pour sa mère. Aussi quand, peu de jours avant sa mort, il traversa Douai sans pouvoir s'y arrêter, les larmes qui s'échappèrent de ses yeux révélèrent tout ce qui se passait dans son cœur, et le dernier vœu qu'il exprima, comme garde-des-sceaux, fut en faveur d'un concitoyen.

« Sa perte a été un malheur public. La Cour

de Douai l'a profondément sentie. Elle a voulu qu'un service funèbre fût célébré ici pour le repos de son âme, le jour même où ses obsèques avaient lieu à Paris, afin que ses nombreux amis pussent confondre leurs regrets et leurs prières, et lui rendre, en même temps, les derniers devoirs dans la ville où il avait reçu le jour et dans celle où il avait terminé sa carrière. La cité tout entière s'est associée à cet hommage rendu à la mémoire de l'avocat, du député, du magistrat, du ministre, et le souvenir de cet homme de bien, qui s'est élevé si haut par la seule puissance de son mérite, restera à jamais gravé dans nos cœurs. »

A son tour, M. le procureur-général, s'adressant, vers la fin de son discours, à l'ordre des avocats, s'exprima ainsi :

« Quand vous repassez dans vos archives ou dans vos souvenirs ces noms qui honorent votre tableau et qui n'y sont plus, il en est un, le plus illustre de tous (1), que vous ne trouvez plus maintenant que sur une tombe. Nous avons respecté le droit, si dignement exercé, de M. le

---

(1) M. Preux nous excusera, si, par respect pour la vérité, qu'il aime, nous le savons, et que M. Martin du Nord aimait aussi plus que personne, nous nous permettons de remarquer que le souvenir de M. Merlin aurait dû peut-être rendre cette expression moins absolue.

premier président d'exprimer, en cette circonstance, les sentiments de la Cour et du pays. Mais nous ne pouvons pas laisser accuser l'ingratitude de notre silence, dans cette occasion où la reconnaissance du présent ne peut nous faire oublier celle du passé. Toutefois, en présence de cette vanité et de cette poussière des honneurs et des dignités les plus élevées que le magistrat et l'homme politique puisse atteindre, nous ne dirons qu'un mot de ce qui leur survit : c'est le souvenir et l'exemple de cette bonté, de cette bienveillance qui, dans la fortune la plus haute et au milieu de la dévorante activité de la vie publique, n'oublia ni ses amis ni ceux qui ne le furent point, et qui doublait, par l'aménité, tant de bienfaits et de services que le cœur imposait, au delà des forces peut-être, à cette admirable intelligence. »

Cet homme excellent, qui, selon l'heureuse expression de M. Barthe, *n'aurait pas dû avoir un ennemi*, n'a pourtant pas échappé à cette triste compensation du pouvoir et des honneurs. Au début de sa maladie, les rumeurs impures de la calomnie, propagées par la haine politique, accueillies par cette crédulité à la fois légère et tenace qui fait et fera toujours la vérité du fatal axiome de Basile, ont essayé de répandre leur infâme

venin sur les derniers jours que la Providence lui
réservait. Hâtons-nous d'ajouter qu'elles n'ont pas
franchi la barrière que la vigilance et le dévouement de sa famille et de ses amis ont établie autour
du malade, qui les a entièrement ignorées jusqu'à
sa mort, et qu'ainsi la cruelle amertume qu'il en
aurait ressentie n'est pas venue accroître l'amertume , déjà si pénible, de ses derniers instants.
D'ailleurs les esprits sérieux en ont fait prompte
justice; des voix impartiales, parties des rangs même de l'opposition, ont eu le courage et la loyauté
de protester contre ces bruits odieux (1), qui ont
enfin reçu de hauts et solennels démentis.

Ainsi, au mois de mai 1847, devant la Cour royale
d'Orléans, saisie d'une plainte en calomnie formée
par M. Dessaignes, député de Loir-et-Cher, M. le

---

(1) Voir notamment l'*Union monarchique* du 27 février, et *le
Corsaire* du 20 mars 1847 (note E à la fin de ce travail). Le
Droit, dans son feuilleton intitulé : *la Salle des Pas-Perdus*,
de son n° du 8-9 mars 1847, a aussi publié à ce sujet les réflexions suivantes :

« Tout à l'heure nous parlions de diffamations. A cette histoire déjà si longue, il y a en ce moment un triste et curieux
chapitre à ajouter. On serait étonné, si on savait combien
d'hommes, que tout devait rendre circonspects, savent allier
très-bien la gravité des fonctions à la légèreté du caractère.
Que sont donc les grandeurs après lesquelles on court, qui
promettent tant et qui tiennent si peu, et qui n'ont pas même le
pouvoir de vous défendre contre d'injustes et odieuses rumeurs? »

procureur-général Corbin fut amené, en donnant ses conclusions sur cette affaire, à reporter ses souvenirs sur les calomnies dont M. Martin avait été l'objet, et son cœur indigné les flétrit dans des termes auxquels le nom de l'orateur, la date et la spontanéité de ses paroles, ajoutaient une juste autorité.

« Du mal qui se fait, dit-il, des détestables préventions qui s'accréditent, faudrait-il remonter si haut pour trouver l'exemple? N'est-ce pas sur la foi d'allégations insaisissables, colportées en tous lieux, qu'un homme digne de tous nos respects, qui eut l'honneur de présider pendant sept ans aux destinées de la magistrature, faillit entendre, du bord de sa tombe, le cri public s'élever contre lui, flétrir la pureté de ses sentiments et toute la dignité de sa vie? Quelques sales imputations que nul n'avoue, et des allégations sans nombre avaient suffi. Et pourtant soixante ans d'une vie honorable et honorée, les plus décents comme les plus touchants exemples dans la famille, les plus éminentes fonctions conquises par la bonne conduite et le travail, protestaient contre toutes ces infamies! »

Plus tard, et pour la première fois depuis la mort de M. Martin, un journal (1) se permit de faire une injurieuse allusion à ces mêmes calom-

____

(1) La *Démocratie pacifique*, 2 janvier 1848.

nies. Tant que M. Martin avait vécu , aucune réparation n'avait pu être poursuivie en son nom contre
les organes de la presse qui les avaient accueillies :
son assentiment et son concours eussent été, en effet,
légalement indispensables; or, l'instruire de pareils
bruits , c'eût été, dans son état de santé , lui porter le coup le plus cruel , et dès lors le silence , si
pénible qu'il fût, était devenu un devoir pour ceux
qui l'entouraient. Mais , à la première attaque de
ce genre après son décès , un devoir inverse était
imposé à sa famille , et elle n'a pas hésité à le remplir. Désireuse d'obtenir une satisfaction aussi com-
plète que possible , elle formula d'abord sa plainte
dè manière à ce que la cour d'assises en fût saisie :
elle voulait mettre ainsi le journaliste en demeure
de fournir la preuve de ses assertions , afin que
l'impossibilité à laquelle il aurait été réduit de
faire cette preuve ne permît aucune équivoque sur
le sens et la portée de la condamnation. Mais la
justice, enchaînée par le texte de la loi , se trou-
vant en présence d'imputations exclusivement relatives à la vie privée, dut déférer l'article incri-
miné à la juridiction correctionnelle. C'est en cet
état que, sur la plaidoiric de Mᵉ Chaix-d'Est-Ange
pour la famille (1), de Mᵉ Bethmont pour le jour-

(1) Le journal *le Droit*, dans l'article dont nous avons déjà

nal, et sur les conclusions conformes de M. le sub-
stitut Roussel, est intervenu le jugement suivant,
à la date du 16 février 1848 :

« Le tribunal,

« Attendu que, dans le numéro du 2 janvier
« dernier de *la Démocratie pacifique*, Cantagrel,
« gérant responsable de ce journal, a publié un
« article intitulé *la Poutre et la Paille*, commen-
« çant par ces mots : « Les riches, les puissants »,
« et finissant par ceux-ci : « Qui est l'associa-
« tion » ;

« Que, dans cet article, il fait figurer le nom de
« M. Martin du Nord en tête d'une liste de per-
« sonnes dont plusieurs ont été frappées par la
« justice, liste à la suite de laquelle se trouve ce
« passage : « Grands de la terre, ne croyez pas

cité un extrait (page 151), disait, en parlant de Mᵉ Chaix-
d'Est-Ange, qui venait de plaider un procès en diffamation :

« On sait, en des causes pareilles, si on peut s'en fier à
Mᵉ Chaix-d'Est-Ange du soin d'être amer, éloquent et passionné...
Ceux qui ne le connaissent que par les portraits de fantaisie
qu'on en a faits, ne savent peut-être pas que son talent, naturellement sévère, se prête mieux encore à l'accusation qu'à la
défense ; ils n'en auraient pas douté, s'ils l'eussent vu jeter
le dédain et la colère sur les prévenus en déroute, demandant,
chapeau bas, l'aumône d'un pardon. »

Sauf la différence des situations, cette appréciation aurait
pu, dans une juste mesure, être appliquée à l'affaire actuelle.

« que nous rappelons ainsi vos scandales, vos im-
« puretés et vos crimes, pour irriter et ameuter
« contre vous la bourgeoisie moyenne et les clas-
« ses populaires » ;

« Qu'en plaçant ainsi le nom de M. Martin du
« Nord, il a fait, de manière à ce que le public
« ne pût pas s'y tromper, allusion, comme au
« surplus il l'a reconnu lui-même à l'audience, à
« des bruits calomnieux, contenant l'imputation
« de faits précis et déterminés, précédemment ré-
« pandus dans certains journaux ;

« Qu'il s'est par là rendu coupable du délit de
« diffamation ;

« Prenant toutefois en considération, pour l'ap-
« plication de la peine, les explications données
« par le prévenu à l'audience et les regrets par lui
« exprimés ;

« Condamne Cantagrel à 500 francs d'amende
« et aux dépens. »

Au risque de quelques répétitions, nous avons
ainsi recueilli avec un soin religieux tous les té
moignages de sympathie et de regrets qui ont été ,
à si juste titre, décernés à l'homme que nous avons
tant aimé ; nous avons réuni et groupé tous les dé
tails, tous les documents qui nous ont paru propres à éclairer d'une douce et pure lumière cette vie

de dévouement, d'honneur et d'ineffable bonté. Ici se termine maintenant la tâche confiée à notre respectueuse et reconnaissante affection par ceux-là mêmes qui, beaucoup mieux que nous, auraient pu la remplir. Dans les temps agités où nous vivons, retracer la vie d'un homme politique, d'un ministre de la monarchie qu'un nouvel ouragan a emportée, c'est une entreprise difficile et pleine d'écueils. Puisse du moins la pensée pieuse qui nous a inspiré, être à la fois notre excuse et notre sauvegarde!

APPENDICE.

Note A, page 29.

Nous nous faisons un devoir de consigner ici l'indication des principales mesures qui sont dues à M. Martin du Nord comme ministre des travaux publics, de l'agriculture et du commerce, et dont la nomenclature, un peu trop technique, ne pouvait guère trouver place dans le cadre de notre récit.

§ Ier. — *Travaux publics.*

Sous son ministère et sur son initiative, diverses lois ont affecté :

84 millions à l'achèvement des lacunes et aux réparations extraordinaires des routes royales classées avant le 1er janvier 1837 (*Loi du 14 mai 1837.*);

4,600,000 fr. à l'établissement d'une route de ceinture en Corse, et au perfectionnement des ports maritimes de ce département, bien négligé jusque-là sous ce double rapport (*Autre loi de la même date.*);

7 millions à l'achèvement des canaux entrepris en vertu des lois de 1821 et 1822 (*Loi du 2 juillet 1837.*);

61 millions au perfectionnement de la navigation de la

Seine, de l'Yonne, de l'Aisne, de la Saône, de la Meuse, du Lot, de la Vilaine, de la Dordogne, du Tarn, de la Charente, etc.; à la construction du quai Saint-Bernard, à Paris, et à l'établissement de deux canaux latéraux à la Marne (*Lois du* 19 *juillet* 1837.);

85 millions à l'établissement d'un canal de la Marne au Rhin et d'un canal latéral à la Garonne (*Loi du* 3 *juillet* 1838.);

25 millions à la construction d'un canal maritime de Caen à la mer, et à l'amélioration des ports de Dieppe, Honfleur, Calais, Boulogne, Dunkerque, Cherbourg, Granville, St-Malo, St-Servan, Lorient, Bayonne, Port-Vendres, Toulon, etc. (*Lois des* 19 *juillet* 1837 *et* 21 *juin* 1838.)

§ II. — Agriculture et Commerce.

Le chapitre des encouragements à l'agriculture fut porté de 264,000 fr. à 800,000 fr.; et, grâce à cette augmentation, le nombre des comices agricoles en France s'éleva, en deux années, de 197 à 420, et celui des sociétés d'agriculture de 42 à 146.

Des missions furent données aux meilleurs élèves du célèbre M. Camille Beauvais, pour aller répandre en France ses méthodes sur la culture des mûriers et l'élève des vers à soie. Les livres chinois les plus renommés sur ce double objet furent traduits par les ordres du ministre, et distribués dans les départements.

L'enseignement externe de la ferme-modèle de Grignon fut rendu gratuit, et des bourses d'internes furent créées dans cet établissement. Des chaires d'agriculture furent fondées à Bordeaux, à Toulouse, au prytanée de Ménars, et dans le département d'Ille-et-Vilaine. Des prix furent proposés pour les meilleurs ouvrages d'agriculture.

Les chevaux élevés par les soins de l'administration des haras parurent, pour la première fois, dans les courses publiques, et y constatèrent, par leur succès, la supériorité des étalons de l'administration, et du système adopté par elle.

Un haras de bêtes bovines de la race de Durham fut annexé au haras du Pin.

Des entrepôts réels de douanes furent établis aux Antilles et à l'île Bourbon. Les droits d'entrée sur les houilles étrangères et d'autres droits trop élevés furent réduits. L'établissement d'une troisième école d'arts et métiers, dans le midi de la France, fut décidé. L'école centrale des arts et manufactures, fondée à Paris, rue de Thorigny, fut placée sous le patronage de l'administration, qui y créa un certain nombre de bourses. Un rapport très-remarquable, du 15 décembre 1838, posa les bases de la réorganisation du Conservatoire des arts et métiers, considéré comme une vaste école d'enseignement professionnel.

Des rapports annuels, très-détaillés et pleins d'intérêt, furent publiés, pour la première fois sous ce ministère, sur les opérations des caisses d'épargne.

Un crédit fut alloué par les Chambres pour l'achèvement de l'établissement thermal de Plombières.

Enfin des projets de lois sur les concessions de chutes d'eau dans les cours d'eau navigables, sur l'attribution des alluvions artificielles provenant de travaux publics, sur la destruction des insectes nuisibles à l'agriculture, etc., ont été soumis aux Chambres, sans pouvoir toutefois être convertis en lois.

Note B, page 54.

Nous ne pouvons nous empêcher d'ajouter ici quelques indications.

Sur les 27 procureurs-généraux de Cours royales, en exercice au 1er janvier 1847, M. Martin en avait nommé 19 (MM. Preux, à Amiens ; de Peyramont, à Angers ; Dufresne, à Bastia ; de Golbéry, à Besançon ; Didelot, à Bourges ; Caussin de Perceval, à Caen ; Rouland, à Douai ; Laborie, à Grenoble ; Piou, à Lyon ; Decous, à Metz ; Renard, à Montpellier ; Blanchet, à Nîmes ; Corbin, à Orléans ; Hébert, à Paris ; Allain-Targé, à Poitiers ; Dubodan, à Rennes ; Letourneux, à Riom ; Salveton, à Rouen ; Doms, à Toulouse.) Trois seulement, MM. de Peyramont, de Golbéry et Hébert étaient députés lors de leur nomination (1). On peut juger, d'ailleurs, si ces 19 procureurs-généraux, pris dans leur ensemble, ne soutiennent pas avantageusement la comparaison avec ceux de toute autre époque quelconque ; on ne fera même aucune difficulté de reconnaître que l'on trouve parmi eux un nombre très-remarquable d'hommes d'élite.

En 1841, M. Martin a eu à pourvoir à huit places de juge au tribunal de première instance de la Seine. On sait que ces places étaient le point de mire de toutes les ambitions judiciaires de France, et aussi d'un grand nombre d'ambitions à la fois parlementaires et judiciaires. La liste des can-

(1) Encore faut-il remarquer qu'il n'a jamais été contesté que le procureur-général près la Cour royale de Paris ne pût être et même qu'il ne dût être habituellement un homme politique.

didats de ces diverses catégories dépassa, dans cette circonstance, le chiffre de 60. Aucune de ces nominations ne fut donnée à la politique ; toutes furent judiciaires et hiérarchiques.

N'est-il pas permis de dire enfin que l'opposition, toujours si ardente à incriminer les actes du gouvernement, n'aurait pas laissé passer les occasions, si elles lui eussent été offertes, de faire porter ses critiques sur les nominations judiciaires? Eh bien! M. Martin du Nord a été très-rarement en butte à de telles attaques ; elles ont plus rarement encore réussi à leurs auteurs. Aussi a-t-il pu, dans la discussion de l'adresse à la Chambre des députés, le 22 janvier 1846, à propos d'accusations de ce genre qu étaient dirigées contre lui, se rendre ce témoignage :

« Il n'est pas, a-t-il dit, de ministère dans lequel le personnel soit aussi nombreux que dans le ministère de la justice, et où les nominations soient plus fréquentes. Tout le monde les connaît ; il n'est pas une nomination émanée de ce ministère qui ne soit insérée au *Moniteur ;* chacun peut les lire, les contrôler, les discuter. Eh bien ! une réflexion a pu vous frapper, elle m'a du moins frappé moi-même, parce qu'elle est pour moi une garantie de l'impartialité avec laquelle j'ai préparé les choix que j'ai eu à soumettre au Roi. (*Interruption.*) Oui, c'est une garantie, et certes le contrôle n'a pas manqué. Le désir, je ne dirai pas malveillant, mais le désir bien décidé de scruter mes actes, d'y trouver matière à des attaques, n'a certainement pas manqué à un certain nombre de membres de cette Chambre. Assurément, je ne leur fais pas de reproches à cet égard ; je les félicite, au contraire, d'avoir rempli ce qu'ils considéraient comme un devoir ; mais ils me permettront de me féliciter à mon tour, lorsque, dans ce débat,

deux ou trois faits de la nature de ceux que je vais analyser
ont été rapportés, qu'ils aient été aussi malheureux dans
leur choix, et que j'aie été assez heureux moi-même pour
n'encourir d'autres critiques que celles qui m'ont été adres_
sées. »

Note C, page 96.

Si des points culminants que nous avons signalés il nous
eût été possible de descendre à des détails que le cadre de
cette notice ne comportait guère, nous aurions constaté
chez M. Martin du Nord, dans sa vie ministérielle de tous
les jours, dans l'exercice habituel et régulier de ses fonctions administratives proprement dites, cette préoccupation constante des graves intérêts dont il était chargé, et
cette merveilleuse facilité de travail qui était un des heureux priviléges de son organisation. Nous nous bornerons
ici à quelques courtes indications à cet égard.

Plusieurs circulaires émanées de lui, les 7 janvier 1841,
8 mars 1843, 20 avril 1844, témoignent du soin avec lequel il tenait la main au maintien de cette discipline judiciaire, qui, puisée dans les traditions de l'histoire, recons-
tituée et rajeunie par le génie de l'Empereur, a si puissamment aidé la magistrature à conserver son patrimoine
héréditaire d'intégrité et d'honneur.

Par une suite naturelle des développements journaliers
des relations de voisinage et d'affaires entre les peuples,
les principes relatifs à l'extradition des malfaiteurs acqué-
raient une importance croissante, et leur connaissance
exacte devenait pour tous les magistrats une impérieuse
nécessité. Une circulaire, du 5 avril 1841, les a résumés avec
précision ; elle a été souvent citée comme formant, en quel-

que sorte, le Code de la matière. **M.** Martin a d'ailleurs pris
une part considérable à l'examen préparatoire et à la rédaction des traités d'extradition qui ont été conclus, de
1842 à 1846, entre la France et divers pays , tels que les
États-Unis , l'Angleterre , la Prusse, les Pays-Bas , la Ba-
vière, le grand duché de Bade, plusieurs États d'Italie, etc.;
où les coupables trouvaient un asile désormais trop facile,
et une impunité scandaleuse par cette facilité même.

L'attention des Chambres avait été appelée sur l'augmentation fâcheuse des frais de justice criminelle. Deux circulaires,des 16 août 1842 et 26 décembre 1845, ont tracé des
règles pleines de sagesse pour remédier à des abus qui
lésaient à la fois les intérêts des parties et ceux du trésor.

Une autre circulaire, du 7 juillet 1844, qui a obtenu
l'approbation générale , a mis un terme à des usages regrettables qui s'étaient introduits dans la tenue des au-
diences des Cours d'assises (1).

Quelques perfectionnements ont été aussi apportés, par
les soins de M. Martin, aux comptes statistiques , déjà si
remarquables , de l'administration de la justice civile et
de la justice criminelle, et des travaux du Conseil d'État.

(1) Voici cette circulaire, adressée aux premiers présidents et aux procureurs-généraux :

« Messieurs, dans les salles où siégent les Cours d'assises, une en-
« ceinte est spécialement destinée aux magistrats, aux jurés, aux mem-
« bres du barreau. Il est d'usage d'y admettre exceptionnellement les
» personnes auxquelles les fonctions qu'elles exercent et leur position
« doivent assurer une place à part. Leur présence , en effet, ne peut
« jamais nuire à la direction des débats.

« Mais je suis informé que, dans quelques ressorts , l'exception a été
« trop étendue. Des personnes étrangères aux habitudes judiciaires ,
« avides d'émotions, et cherchant avant tout à satisfaire leur curiosité,

Parmi les objets sur lesquels ses investigations s'étaient portées, nous devons citer encore un projet de réforme, qui, sous une apparence modeste, aurait réalisé, dans l'instruction des affaires judiciaires et dans l'administration de la justice, une utile et considérable amélioration. A l'époque où notre Code de procédure et notre Code de commerce ont été rédigés, les communications entre les diverses parties de la France, ou entre la France et les autres parties du monde, présentaient des difficultés et des imperfections, qui avaient évidemment influé sur la fixation des délais déterminés par ces Codes pour les assignations, les formalités et les actes de procédure auxquels ils s'appliquent. Aujourd'hui que les bienfaits de la paix, les progrès du commerce et de l'industrie, l'application de la vapeur à la navigation et aux voies de terre, ont rapproché et presque supprimé les distances, la longueur de ces délais est à la fois superflue et regrettable. On ne comprend plus, par exemple, qu'un intervalle de six mois doive encore s'écouler entre l'assignation et la comparution en justice, lorsque l'une des parties demeure à Marseille et l'autre à Alger. (*Art.* 73 *du Code de procédure.*)

« ont été admises près de la Cour. C'est là un véritable abus. La foule,
« qui, lorsqu'un grand procès l'attire, se presse dans l'enceinte réservée,
« rend plus difficile la police de l'audience et peut troubler les témoins.
« Peut-être même est-il à craindre que les sentiments qu'elle manifeste
« pour ou contre l'accusé ne réagissent quelquefois sur le jury et n'in-
« fluent sur ses décisions.

« J'appelle votre attention sur cet abus, non moins contraire à l'in-
« térêt qu'à la dignité de la justice. S'il existe dans votre ressort,
« je vous prie de vous entendre avec MM. les présidents d'assises pour
« le faire cesser, et de me rendre compte des mesures que vous aurez
« prises à cet égard. »

M. Martin avait senti le besoin de remanier toute cette législation, fort compliquée dans ses dispositions, et il avait communiqué aux Cours royales, par une circulaire du 2 novembre 1846, un projet de loi qui, examiné et revu ensuite par une commission spéciale, devait être présenté aux Chambres dans la session de 1847.

Note D, page 108.

A l'appui de l'opinion que nous avons exprimée sur l'ascendant de M. Martin du Nord dans les conseils du Roi et dans la Chambre des députés, et sur le vide qu'a laissé sa perte sous ce rapport, nous croyons devoir citer ici une lettre qui a été écrite à un magistrat, depuis la révolution de février, par un homme dont la position peut donner quelque autorité au jugement que l'on va lire :

« Paris, le 6 mars 1848.

« Mon cher Monsieur,

« Je vous remercie du sentiment qui vous porte à demander de mes nouvelles au milieu des graves évènements qui viennent de s'accomplir. »

(Suivent quelques réflexions sur ces évènements et quelques autres détails qu'il est inutile de reproduire ici. La lettre continue ainsi :)

« Votre pensée s'est naturellement reportée, dans ces circonstances, sur l'excellent chef que nous avons perdu l'année dernière, et vous vous demandez si nos regrets ne doivent pas maintenant être adoucis par cette considération que peut-être, si M. Martin du Nord eût vécu, il serait aujourd'hui exilé, errant en pays étranger, avec ou sans sa famille, et malheureux dans l'une comme dans l'autre hypothèse.

« Bien que le cœur se refuse à de telles consolations, la raison les comprend et peut, dans une certaine limite, les accepter, si elles sont fondées. Qui m'eût dit, il y a moins d'un an, lorsque j'accompagnais notre bon garde-des-sceaux à sa dernière demeure, qu'une année ne s'écoulerait pas avant que je fusse obligé de considérer peut-être sa mort prématurée comme un bienfait du ciel ! Et néanmoins, dans l'ignorance où nous sommes des décrets de la Providence, après une leçon qui nous enseigne si solennellement la vanité de nos raisonnements et de nos conjectures, ne devons-nous pas, comme vous le faites, donner à notre résignation forcée cette raison nouvelle, que la mort de M. Martin lui a, en effet, épargné les cruelles amertumes de l'expatriation? Après tout, il eût été possible qu'elles lui fussent destinées, s'il eût vécu, et cette possibilité me suffit pour que je m'associe, sous certains rapports, à votre opinion.

« Je ne vous dissimule cependant pas, mon cher Monsieur, que j'incline plutôt à croire que ce sort ne lui eût pas été réservé.

« M. Martin était, vous le savez, dans le cabinet du 29 octobre, le représentant principal de l'élément du 15 avril, c'est-à-dire d'une politique dont le caractère spécial avait été l'esprit de conciliation. Il l'était par ses antécédents et aussi par sa propre nature. Il était entré dans ce cabinet à ce titre, et il y était entré sur les conseils de M. le comte M..., avec qui il n'a jamais cessé d'entretenir d'étroites relations d'estime et d'affection. Aussi, dans les occasions (et elles se sont présentées plus d'une fois) où les deux tendances opposées se manifestaient au sein du Conseil, M. Martin était habituellement le lien, le centre de ralliement de ceux de ses collègues qui penchaient vers celle de ces tendances à laquelle je fais allusion. Vous avez, comme moi, connu plus d'une circonstance dans laquelle ce fait, sans éclater au grand jour, s'est produit et s'est répété, et vous n'ignorez pas qu'il faut y chercher presque exclusivement la source de certaines défiances dont M. Martin a été mal à propos l'objet, de certaines preuves de mauvais vouloir à son égard, dont nous avons été péniblement frappés.

« M. Martin était d'ailleurs, ainsi que l'a fort justement caractérisé M. de Cormenin dans son pamphlet sur la Légomanie, *un esprit fin et judicieux*. Il ne croyait pas que le gouvernement dût être une lutte continuelle, si éminentes que fussent les qualités des hommes qui portaient le poids de cette lutte, et qui l'aimaient peut-être en raison des succès qu'elle leur procurait ; il croyait qu'il fallait savoir détendre à temps une situation, pour éviter qu'elle se brisât. En outre, l'extrême bienveillance de son caractère et le charme particulier de ses manières lui avaient fait, même dans l'opposition, des amis qu'il a toujours conservés, et par lesquels il était tenu au courant de ce mouvement d'idées des partis parlementaires, de ce flux et reflux d'opinions, d'impressions, de rumeurs et de projets, dont la connaissance exacte importe, ou du moins importait beaucoup, aux pilotes du vaisseau de l'État (pour parler le langage classique d'une époque bien voisine encore et déjà bien éloignée de nous ; une révolution nous en sépare !).

« Par toutes ces raisons, par d'autres encore qui se rattachent à celles-là, je suis à peu près convaincu, mon cher Monsieur, que si M. Martin eût vécu, la fatale session de 1847, qui a si tristement compromis les résultats acquis

par les élections de 1846, n'aurait pas produit les consé-
quences qu'elle a produites. Dans tous les cas, il n'eût pas
laissé effacer l'élément du 15 avril, sans compensation du
moins, par la retraite des ministres que leur origine ou
leurs tendances rattachaient à cet élément, et par l'accep-
tation pure et simple de la dernière présidence du cabinet
du 29 octobre. Soyez persuadé, mon cher Monsieur, que, si
M. Martin eût vécu, il eût ouvert, ou du moins il eût essayé d'ouvrir les yeux du Roi, dont il avait toute la confiance, sur la nécessité de concessions prudentes et faites
à temps. Soyez persuadé surtout que, si ses conseils n'a-
vaient pas prévalu, il aurait partagé le sort de ses collègues
qui se sont retirés au 9 mai 1847 ; mais sa retraite, à lui,
aurait entraîné alors la dislocation du cabinet.

« Cette opinion que je vous exprime, mon cher Monsieur, ne m'est pas particulière ; je l'ai recueillie de bien
des sources différentes ; je l'ai entendu émettre, notamment, par un grand nombre de ces députés qu'on appelait
les conservateurs progressistes, et même par un député
doctrinaire qui jouait un rôle important auprès des membres les plus considérables du dernier cabinet. Plus j'y ré-
fléchis, avec la connaissance intime que j'avais acquise de
M. Martin dans des relations anciennes et demeurées fréquentes, plus elle me paraît fondée, et je ne crois pas être
égaré ici par mes regrets, par le besoin que j'éprouve de
les conserver tout entiers.

« Cependant, je conviens que le moment serait mal choisi
pour nous confier à notre sagesse, pour compter beaucoup
sur la sagacité de notre esprit d'observation. Je m'en rap-
porte donc à vous, mon cher Monsieur, bien sûr, du moins,
que nous nous rencontrerons toujours dans le sentiment de
pieux et constant souvenir que nous avons voué au digne

ministre dont nous ne cesserons de vénérer et de bénir la mémoire. . . . . »

Note E, page 151.

Ces deux journaux, *l'Union monarchique* et *le Corsaire*, étaient au nombre de ceux qui avaient eu le tort ou le malheur de servir d'écho aux calomnies auxquelles nous faisons allusion. Lorsqu'ils ont su à quel point l'erreur fatale qu'ils avaient contribué à accréditer était dénuée de fondement, une loyauté bien rare dans la presse, et dont ils ont seuls eu le courage dans cette circonstance, leur a inspiré le désir de chercher à réparer le mal qu'ils avaient fait; c'est alors qu'ils ont publié les deux articles dont nous allons extraire quelques passages.

L'Union monarchique (27 février 1847), après avoir rappelé les bruits scandaleux dont il s'agissait, sans prononcer toutefois aucun nom, s'exprima ainsi :

« Et aujourd'hui. . . . . qu'une famille est désolée, qu'un homme se meurt peut-être sous le poids de l'animadversion générale (1), il reste un secret plus triste à découvrir, le secret d'une révoltante et universelle injustice. Car il n'est plus permis d'en douter : tout est invention dans ces récits si monstrueusement controuvés, qui ont réussi à détourner quelques jours l'attention des plus graves intérêts. C'est une calomnie, une atroce calomnie.

_____

(1) Heureusement du moins, ainsi que l'a dit Mgr l'évêque de . . . dans la lettre que nous avons reproduite plus haut (page 142), *Dieu lui a épargné de savoir jusqu'où allait la haine ou la légèreté de certains hommes.*

« Mais où prendre l'infâme auteur de cette infernale invention? Est-ce odieux caprice d'oisiveté ? talent pervers? ven-
geance? haine ou manœuvre politique? Mieux vaut peut-
être ne rien découvrir , et laisser à chacun sa part : car tout
le monde est coupable.

« Mais quelle réparation? Dire hautement le nom qu'il
faut réhabiliter, deviendrait une nouvelle insulte.

« Que ce soit au moins une leçon pour tous les partis,
de savoir avec quel empressement le temps présent se prête
à la calomnie, avec quelle difficulté peut-être il accepte les
réparations. »

Le Corsaire (20 mars 1847), en rendant compte des funérailles de **M. Martin du Nord**, a dit :

« Les obsèques de **M. Martin** du Nord ont eu lieu avant-
hier au milieu d'un concours immense de citoyens. Ce qui
nous a frappés dans cette imposante cérémonie, c'est moins
le deuil officiel, brodé, empanaché, chamarré sur toutes les
coutures, que la profonde tristesse des parents et des amis
de l'homme bon, serviable et obligeant que l'on conduisait
au champ du repos.

« Nous empruntons au discours de **M. Bommart**, député
de Douai, les passages suivants, qui renferment le plus juste
et le plus touchant éloge de **M. Martin** du Nord, etc. (1).

. . . .

« A ces belles et chaleureuses paroles nous ajouterons
que les derniers jours d'un homme de bien ont été empoi-
sonnés par une fable calomnieuse, lâchement inventée, col-
portée avec perfidie dans le monde, et acceptée par la publicité avec une regrettable légèreté.

____

(1) Voir ci-dessus, page 132.

« La mémoire de M. Martin du Nord a été noblement vengée de cette calomnie par les pleurs sincères de tous les honnêtes gens à qui M. Martin avait rendu service, et le nombre en est grand. Celui qui écrit ces lignes s'associe de cœur à ces honorables regrets. Que Dieu, qui pèse les hommes d'État comme les plus obscurs enfants du peuple dans sa juste balance, fasse paix à l'homme de bien ! »

Nous avons à peine besoin d'ajouter que ces deux articles n'ont été, ni directement ni indirectement, provoqués par la famille de M. Martin du Nord. A cette date, de trop cruelles angoisses l'absorbaient pour qu'elle pût se préoccuper d'un pareil soin.

A. GUYOT et SCRIBE, IMPRIMEURS,
Rue Neuve-des-Mathurins, 18.

www.ingramcontent.com/pod-product-compliance
Ingram Content Group UK Ltd.
Pitfield, Milton Keynes, MK11 3LW, UK
UKHW021910070726
13613UKWH00001B/437

9 782329 030203